Coordenadores:
Renato Luís Dresch
Fábia Madureira de Castro Bicalho

MANUAL DE DIREITO À SAÚDE NORMATIZAÇÃO E JUDICIALIZAÇÃO
COMITÊ EXECUTIVO DA SAÚDE DE MINAS GERAIS

Belo Horizonte
2019

Copyright © 2019 Editora Del Rey Ltda.
Nenhuma parte deste livro poderá ser reproduzida, sejam quais forem os meios empregados, sem a permissão, por escrito, da Editora.
Impresso no Brasil | Printed in Brazil
EDITORA DEL REY LTDA.

www.editoradelrey.com.br

Editor: Arnaldo Oliveira

Editor Adjunto: Ricardo A. Malheiros Fiuza
In memoriam

Diagramação / Capa: Alfstudio

Revisão: Márcia Mol Arreguy (TJMG)

EDITORA
Rua dos Goitacazes, 71 – Lojas 20 a 24
Centro - Belo Horizonte-MG
CEP 30190-909

Comercial:
Tel.: (31) 3284-3284 | 25163340
vendas@editoradelrey.com.br

Editorial:
editorial@editoradelrey.com.br

CONSELHO EDITORIAL:
Alice de Souza Birchal
Antônio Augusto Cançado Trindade
Antonio Augusto Junho Anastasia
Antônio Pereira Gaio Júnior
Aroldo Plínio Gonçalves
Carlos Alberto Penna R. de Carvalho
Dalmar Pimenta
Edelberto Augusto Gomes Lima
Edésio Fernandes
Felipe Martins Pinto
Fernando Gonzaga Jayme
Hermes Vilchez Guerrero
José Adércio Leite Sampaio
José Edgard Penna Amorim Pereira
Luiz Guilherme da Costa Wagner Junior
Misabel Abreu Machado Derzi
Plínio Salgado
Rénan Kfuri Lopes
Rodrigo da Cunha Pereira

C733m

Comitê Executivo da Saúde em Minas Gerais
   Manual de direito à saúde: normatização e judicialização / Comitê Executivo da Saúde de Minas Gerais ; coordenadores e coautores: Renato Luís Dresch e Fábia Madureira de Castro Bicalho. — Belo Horizonte: Del Rey, 2019.
   xxiv, 194 p. — Inclui bibliografia.

   ISBN: 978-85-384-0563-4

   1. Direito à saúde – Brasil 2. Sistema Único de Saúde (Brasil) 3. Acesso aos serviços de saúde – Brasil I. Dresch, Renato Luís II. Bicalho, Fábia Madureira de Castro III. Título

CDU (1976) 342.7:614(81)

Ficha catalográfica elaborada pelo bibliotecário Junio Martins Lourenço CRB 6/3167.

Elaboração:
Comitê Executivo da Saúde de Minas Gerais

Coordenadores:
Renato Luís Dresch
Fábia Madureira de Castro Bicalho

Autores:
Bruno Barcala Reis
Camila Catia Vilela Viana
Carolina Andrade Souza Lício
Cristiane Aparecida Costa Tavares
Cynthia Pereira Araújo
Daniele de Cássia Domingues
Dione Ferreira Santos
Fábia Madureira de Castro Bicalho
Fernanda Ferreira Sciavicco Garcia Guimarães
Gabriela Emediato de Souza Viana
Guilherme Machado Mattar
Hermann A. von Tiesenhausen
Jordana Miranda Souza
Kammilla Éric Guerra de Araújo
Kátia Regina de Oliveira Rocha
Marcos Roberto Moreira Ribeiro
Osvaldo Oliveira Araújo Firmo
Patrícia Grazielle Nastasity Maia
Porfírio Marcos Rocha Andrade
Renato Luís Dresch
Tadahiro Tsubouchi

AGRADECIMENTO

Ficam registrados os agradecimentos a todos os membros do Comitê Estadual da Saúde de Minas Gerais, que de forma direta ou indireta colaboraram para que este "Manual" pudesse ser concluído, registrando, ainda, o agradecimento especial a todos os autores convidados especiais nominados na obra.

Registro o agradecimento ao editor Arnaldo Oliveira, diretor Presidente da Editora Del Rey, que de pronto aderiu ao projeto do Comitê da Saúde de Minas Gerais.

Não há como deixar de registrar o agradecimento especial ao Defensor Público da União Guilherme Machado Mattar, que teve um empenho especial na conclusão deste trabalho.

Por fim, anoto o agradecimento especial à Diretoria do Conselho Federal de Medicina – CFM e à equipe da Tecnologia de Informação – TI, em razão da sua colaboração especial para possibilitar que este trabalho ficasse disponibilizado para acesso na modalidade eletrônica, por meio de "smartphone", no seguinte endereço eletrônico: https://play.google.com/store/apps/details?id=br.org.cfm.medicinamanualdireitosaude

NOTA INTRODUTÓRIA

A partir da constatação de que a judicialização do acesso à saúde era crescente e considerada a complexidade do tema, o Supremo Tribunal Federal – STF realizou, no ano de 2009, a audiência pública nº 04, destinada a ouvir o depoimento de pessoas com experiência e autoridade em matéria de Sistema Único de Saúde, para esclarecer as questões técnicas, científicas, administrativas, políticas, econômicas e jurídicas relativas às ações de prestação de saúde, na tentativa de colher subsídios de aperfeiçoamento das demandas judiciais.

Após essa iniciativa, o Conselho Nacional de Justiça – CNJ publicou a Recomendação nº 31, de 30 de março de 2010, sugerindo aos tribunais de todo o País a adoção de medidas para melhor subsidiar as decisões dos magistrados, a fim de propiciar uma melhor qualidade técnica e eficiência na solução das demandas judiciais envolvendo a assistência à saúde. Posteriormente, o CNJ aprovou a Resolução nº 107, de 06 de abril de 2010, instituindo o Fórum Nacional do Judiciário para o monitoramento e resolução de demandas de assistência à saúde, com a atribuição de elaborar estudos e propor medidas concretas e normativas para o aperfeiçoamento de procedimentos e a efetividade dos processos judiciais, com a prevenção de novos conflitos, estando estruturado por um Comitê Executivo Nacional e Comitês Executivos Estaduais. Ato contínuo foi publicada a Recomendação CNJ nº 36, de 12 de julho de 2011, reafirmando a Recomendação 31/2011 e ampliando a área de atuação do Fórum para as demandas da saúde suplementar. Por fim, foi aprovada a Resolução nº 238, de 06 de setembro de 2016, que também sugeriu medidas para o aperfeiçoamento técnico das demandas de acesso à saúde e inseriu no debate as demandas de saúde suplementar.

O Comitê Executivo Nacional da Saúde é coordenado por um Conselheiro do CNJ, enquanto os Comitês Estaduais, também compostos por uma formação multidisciplinar dentre diversos profissionais vinculados à saúde, ao direito e à gestão da saúde pública e suplementar, é coordenado por um magistrado que dirige as ações destinadas a identificar os problemas e sugerir medidas de aperfeiçoamento consideradas relevantes no âmbito estadual.

Dentro das atribuições de contribuir para o aperfeiçoamento das demandas que envolvam prestações de assistência à saúde, visando facilitar o acesso a informações que pudessem otimizar as rotinas processuais, o Comitê Executivo Estadual da Saúde de Minas Gerais decidiu elaborar um "manual de direito à saúde" na tentativa de sintetizar informações sobre a normatização e a judicialização. O Manual consiste numa obra coletiva, extraída de um consenso entre os diversos perfis profissionais, para subsidiar tanto os profissionais do direito, como os profissionais da saúde e da gestão na tomada de decisões sobre o acesso à saúde.

O trabalho denominado "**Manual de Direito à Saúde: Normatização e Judicialização**" almeja apresentar os temas correlatos ao Sistema Único de Saúde do Brasil, na esfera da saúde pública, como da saúde suplementar, contextualizando a judicialização em seus aspectos conceituais e práticos, com a seleção de um sumário de tópicos das matérias consideradas relevantes, analisados à luz da jurisprudência predominante dos Tribunais Superiores e dos enunciados aprovados nas três Jornadas de Saúde promovidas pelo CNJ.

"O Manual está sendo apresentado nas versões digital e impressa, resultado de parceria celebrada com o Conselho Federal de Medicina – CFM, Editora Del Rey, e está acessível através de aplicativo em celular, possibilitando atualizações constantes para ajustes e acréscimos das inovações normativas."

XIII

PREFÁCIO

No que diz respeito às questões da Saúde, a intervenção do Poder Judiciário, no exercício sacrossanto da jurisdição, mediante a expedição de determinações à Administração Pública, bem como às operadoras da área da saúde suplementar, para fornecimento de fármacos, próteses, órteses, novas tecnologias e afins, tem como escopo realizar a promessa constitucional de prestação do serviço de saúde da forma mais plena e, muitas das vezes, independentemente das políticas públicas estabelecidas pelo Poder Executivo, e dos normativos expedidos pelas agências reguladoras.

Mas, o exercício da jurisdição em área tão complexa, que envolve a vida cidadão, o orçamento público, a saúde financeira das operadoras, a efetividade do tratamento concedido, pede, e cada vez mais, que o Magistrado, independentemente da instância, esteja amparado com informações técnicas atualizadas e de fácil acesso.

E nesse sentido, a iniciativa do Comitê Executivo da Saúde do Estado de Minas Gerais, coordenado pelo eminente Desembargador Renato Luís Dresch, em lançar o MANUAL DE DIREITO À SAÚDE: NORMATIZAÇÃO E

JUDICIALIZAÇÃO é, sem nenhuma dúvida, ação que vem ao encontro daquelas que o Conselho Nacional de Justiça, por intermédio de seu Comitê Nacional do Fórum da Saúde, e que tem o Desembargador Dresch como membro titular, desenvolve desde sua criação, em 2010.

Antes de falar da obra, falo aqui do seu idealizador. Conheci o Desembargador Dresch em fevereiro de 2016, quando tomei assento no Comitê Nacional da Saúde, na condição de Conselheiro e supervisor. E, desde então, passei a admirar o Desembargador, não só pelo conhecimento profundo que detém sobre o tema, mas também pela forma lhana no trato, além de se mostrar sempre disposto em contribuir para a difusão do trabalho do Comitê Nacional da Saúde do CNJ pelos quatro cantos do nosso País, e sem se descuidar dos processos que chegam para julgamento em seu gabinete, pois integra a 2ª instância do Tribunal de Justiça do Estado de Minas Gerais. Sou grato ao Desembargador Dresch pelo privilégio da convivência intelectual e profissional, além da amizade que vai se construindo ao longo desses anos.

Sobre a obra, abrangente e profunda, ela aborda a questão da saúde e a judicialização não apenas a partir do processo já instaurado, mas fornece ao Magistrado e demais integrantes do Sistema de Justiça informações sobre a estrutura da Saúde Pública e Suplementar, as agências reguladoras, as formas de acesso aos medicamentos já incorporados, as obrigações da administração pública, nas três esferas, além de destacar as ações do Conselho Nacional de Justiça, desde 2010, em especial os enunciados aprovados nas três Jornadas realizadas (2014, 2015 e 2019), e a Plataforma E-Natjus, inaugurada em novembro de 2017, que criou, por conta dos comandos contidos na Resolução 238/CNJ, a obrigatoriedade de assessoria técnica em cada unidade da federação para auxiliar os magistrados (NatJus), quando necessário, na decisão de demandas da Saúde; a criação de uma base de dados nacional de notas técnicas e pareceres técnico-científicos sobre questões de Saúde demandadas em juízo; a elaboração de pareceres técnico-científicos à pedido dos Comitês Estaduais; e a participação dos Hospitais Sírio Libanês e Albert Einstein, por intermédio do Programa de Apoio ao Desenvolvimento Institucional do SUS (Proadi-SUS), na capacitação dos profissionais de medicina integrantes dos 27 comitês estaduais, e a construção do NatJus Nacional, corpo técnico criado para elaborar notas-técnicas para os casos definidos como de urgência, oriundos de qualquer Juízo (Justiça Estadual ou Federal) que julgue questões relacionadas com o tema Saúde.

A obra é de fácil consulta, disponibilizando, de forma amigável, a compreensão do Sistema Único de Saúde e as consequências produzidas quando da intervenção do Poder Judiciário neste universo, que há de ser sempre voltada para a estruturação do sistema, público e suplementar, a correção das deficiências na prestação da política pública devida, e a prevalência da evidência científica nas demandas que pedem o que não está incorporado no sistema.

Como pode ser verificado pela singela descrição desta apresentação, o Manual revela-se de leitura obrigatória dos Magistrados e operadores do Direito que atuam na área da Saúde, tratando-se em ferramenta de grande utilidade no dia a dia forense. É, verdadeiramente, uma obra abrangente.

Por fim, quero registrar que o pedido do eminente Desembargador Renato Dresch para fazer a apresentação deste Manual muito me honrou, não só pela amizade que nos envolve, mas também pelo privilégio de fazer parte deste momento de afirmação da necessária existência de Comitês Estaduais da Saúde fortes e atuantes, com é o de Minas Gerais, uma vez que as graves questões que envolvem os serviços de Saúde em nosso país não serão resolvidas, e estou convencido disto, com a judicialização pura e simples. Há que se buscar a participação de todos os atores envolvidos – Magistrados, Ministério Público, Advocacia, Médicos, Gestores Públicos –, na busca de soluções. E o Comitê Estadual é o espaço adequado para a construção de práticas capazes de contribuir para a estruturação do Sistema de Saúde em nosso país.

Arnaldo Hossepian Junior
Procurador de Justiça do Ministério Público de São Paulo
Conselheiro do CNJ e Supervisor de seu Comitê do Fórum da Saúde

LISTA DE ABREVIATURAS

ANS	Agência Nacional de Saúde Suplementar
ANVISA	Agência Nacional de Vigilância Sanitária
ASPS	Ações e Serviços Públicos de Saúde
CIB	Comissão Intergestores Bipartite
CIR	Comissão Intergestora Regional
CIT	Comissão Intergestores Tripartites
CMS	Conselho Municipal de Saúde
CPT	Cobertura Parcial Temporária
CONASEMS	Conselho Nacional de Secretários Municipais de Saúde
CONASS	Conselho Nacional de Secretários Estaduais de Saúde
CONITEC	Comissão Nacional de Incorporação de Tecnologias no SUS
DCB	Denominação Comum Brasileira
DCI	Denominação Comum Internacional
DLP	Doenças e Lesões Preexistentes
EC	Emenda Constitucional
FMS	Fundo Municipal de Saúde
IBGE	Instituto Brasileiro de Geografia e Estatística

IPEA	Instituto de Pesquisa Econômica Aplicada
LDO	Lei de Diretrizes Orçamentárias
LOA	Lei Orçamentária Anual
PAS	Programação Anual de Saúde
PCDT	Protocolos Clínicos e Diretrizes Terapêuticas
PIB	Produto Interno Bruto
PMS	Plano Municipal de Saúde
PPA	Plano Plurianual de Ação Governamental
RAG	Relatório Anual de Gestão
RCL	Receita Corrente Líquida
RDC	Resolução da Diretoria Colegiada
RN	Resolução Normativa
RUE	Rede de Urgência e Emergência
SARGSUS	Sistema de Apoio ao Relatório de Gestão
URM	Uso Racional de Medicamentos

SUMÁRIO

1 INTRODUÇÃO 1

2 SISTEMA ÚNICO DE SAÚDE DO BRASIL 3

3 ACESSO À SAÚDE E EVIDÊNCIA CIENTÍFICA 11

3.1 Medicina Baseada em Evidência (MBE) 11

3.2 Tratamentos experimentais 12

4 ORGANIZAÇÃO DA SAÚDE PÚBLICA 15

4.1 Sistema Único de Saúde (SUS) 15

4.2 Política Pública de Saúde 16

4.3 Princípios e Diretrizes Orientadores da Saúde Pública 17

    4.3.1 Princípios e Diretrizes Doutrinários ou Finalísticos 17

        4.3.1.1 Universalidade 17

        4.3.1.2 Integralidade 18

        4.3.1.3 Equidade 19

    4.3.2 Princípios Estratégicos ou Organizativos da Saúde Pública 19

        4.3.2.1 Descentralização e regionalização 19

        4.3.2.2 Hierarquização 21

        4.3.2.3 Participação Social 22

    4.3.3 Níveis de responsabilidade dos gestores 22

4.4 Financiamento...25

    4.4.1   Fundos de Saúde......................................26

    4.4.2   Transferências Automáticas (Fundo a Fundo)....26

4.5 Lei Complementar 141/12 e
Emenda Constitucional nº 95/2016 27

4.6 Planejamento 27

    4.6.1   Instrumentos Específicos da Saúde....................28

        4.6.1.1 Plano Municipal de Saúde (PMS)......................28

        4.6.1.2 Programação Anual de Saúde (PAS).................29

        4.6.1.3 Relatório Anual de Gestão (RAG)....................29

    4.6.2   Instrumentos Orçamentários 30

        4.6.2.1 Plano Plurianual de
        Ação Governamental (PPA) 30

        4.6.2.2 Lei de Diretrizes Orçamentárias (LDO)...........30

        4.6.2.3 Lei Orçamentária Anual (LOA)........................ 31

4.7 Níveis de Atenção da Saúde Pública.........................31

    4.7.1   Atenção Primária / Básica................................. 32

    4.7.2   Média Complexidade..34

    4.7.3   Alta Complexidade 35

    4.7.4   Portas de entrada do SUS..................................36

4.8 Atendimento de URGÊNCIA/EMERGÊNCIA 37

4.9 Incorporação de Tecnologias na Saúde Pública......37

4.10 Política Nacional da Assistência Farmacêutica.......39

4.11 Assistência Farmacêutica 39

    4.11.1 Fornecimento de medicamentos
        não padronizados pelo SUS 40

    4.11.2 Registro de medicamentos na Agência
        Nacional de Vigilância Sanitária (ANVISA).......41

    4.11.3 Medicamentos Referência, Similar e Genérico ...42

    4.11.4 Uso "Off Label" de medicamentos 45

    4.11.5 Prescrição e medicamentos..................................46

4.12 Política Nacional de Oncologia 47

4.13 Política de Saúde Mental 51

5 SAÚDE SUPLEMENTAR 55

5.1 Aspectos preliminares sobre
a Saúde Suplementar 55

    5.1.1 Agência Reguladora: Agência Nacional
de Saúde Suplementar – ANS 56

    5.1.2 Lei 9.656/98 e algumas definições 56

    5.1.3 Rol de procedimentos e eventos
em saúde da ANS 57

    5.1.4 Modalidades das operadoras
de planos de saúde 59

    5.1.5 Consulta ao cadastro do beneficiário 60

    5.1.6 Junta médica ou odontológica para
dirimir divergência técnico-assistencial 61

    5.1.7 Saúde complementar - diferenciação 62

5.2 Canais de atendimento ao consumidor 63

    5.2.1 Atendimento aos segurados por meio da ANS ... 63

        5.2.1.1 Prazos máximos de atendimento e prazo
de resposta às solicitações 65

        5.2.1.2 Prazos para resposta às solicitações
dos beneficiários (RN 395/2016) 66

    5.2.2 Procedimento fiscalizatórios
adotados pela ANS 67

        5.2.2.1 Notificação de Intermediação
Preliminar (NIP) 67

        5.2.2.2 Procedimento Administrativo Preparatório 69

        5.2.2.3 Processo Administrativo Sancionador 70

5.3 Plataformas para solução de conflitos 70

5.4 Contratos de planos de saúde 71

5.4.1 Contratos regulamentados e as
segmentações disponíveis para contratação 73

5.4.2 Coberturas excluídas dos contratos 74

5.5 Doenças ou Lesões Preexistentes (DLP) 75

5.6 Reembolso de despesas
custeadas pelo beneficiário 77

5.7 Abrangência geográfica dos planos de saúde 78

5.8 Carências 79

5.8.1 Portabilidade de carências 79

5.9 Medicamento para uso domiciliar 80

5.10 Formatação do preço por meio
de cálculo atuarial 81

5.11 Reajustes de preços 83

5.11.1 Reajuste por mudança de faixa etária 84

5.11.2 Outros reajustes nos contratos 87

5.11.2.1 Reajuste anual (Planos Individuais Familiares)..88
5.11.2.2 Reajuste de Planos Coletivos 88

5.12 Contratos coletivos inativos:
demitidos e aposentados - RN 279/2011 89

5.13 Cancelamento e exclusão de beneficiário 92

6 JUDICIALIZAÇÃO DA SAÚDE 93

6.1 Considerações gerais sobre a
judicialização da saúde 93

6.2 Judicialização do acesso a medicamentos 96

6.2.1 Acesso a medicamentos 96

6.2.1.1 Acesso a medicamentos para uso "off label" ... 99
6.2.1.2 Acesso a medicamentos importados 101
6.2.1.3 Acesso a medicamentos
sem registro na Anvisa 103

6.3 Judicialização do acesso a produtos de saúde 105

    6.3.1 Acesso a órtese, prótese e materiais especiais (OPME) 105

    6.3.2 Acesso a outros produtos de saúde 108

6.4 Judicialização do acesso a serviços 108

    6.4.1 Prestação de serviços na saúde pública 109

        6.4.1.1 Tratamento fora da rede da saúde pública 110

    6.4.2 Prestação de serviços na saúde suplementar 112

        6.4.2.1 Tratamento fora da rede credenciada ou da área de abrangência na saúde suplementar ... 112

6.5 Algumas demandas específicas 117

    6.5.1 Tratamentos oncológicos 118

    6.5.2 "Home care" (internação domiciliar) 120

    6.5.3 Cirurgias plásticas 122

    6.5.4 Órtese, prótese e materiais especiais (OPME) importados e/ou sem registro na ANVISA 125

    6.5.5 Internações psiquiátricas 126

    6.5.6 Outros tratamentos e a internação em clínicas especializadas 129

7 MEDIDAS PARA O APERFEIÇOAMENTO DAS DEMANDAS DE SAÚDE 133

7.1 Ações do CNJ 133

7.2 Fórum da Saúde 135

7.3 Núcleos de Apoio Técnico 137

7.4 Enunciados do CNJ sobre direito à saúde 138

8 JURISPRUDÊNCIA DOS TRIBUNAIS SUPERIORES 139

XXIV

9 LINKS ÚTEIS E PRINCIPAL LEGISLAÇÃO/NORMATIZAÇÃO............................ 157

9.1 Saúde Pública...157

9.2 Saúde Suplementar 159

10 ENUNCIADOS DO CNJ 161

11. MODELO DE RELATÓRIO MÉDICO PARA JUDICIALIZAÇÃO..189

1
INTRODUÇÃO

Na Constituição Federal do Brasil, aprovada em 05 de outubro de 1988, quando o País possuía uma população de 144,5 milhões de habitantes, foi introduzida a promessa de saúde pública gratuita para todas as pessoas, embora admitida a participação da iniciativa privada, dividindo-se, assim, entre saúde pública e suplementar. Criou-se, dessa forma, o Sistema Único de Saúde – SUS, que é composto pelas ações da saúde pública e da saúde suplementar.

A organização do Sistema Único de Saúde é bastante complexa e isso implica grandes dificuldades para que os operadores do direito consigam compreendê-lo. Inobstante, o sistema de justiça é cada vez mais provocado para garantir o cumprimento da promessa constitucional. Isso levou ao crescimento da judicialização do acesso à saúde, sendo fator motivador para que, no ano de 2009, o Supremo Tribunal Federal – STF convocasse a audiência pública nº 04, dando voz à sociedade civil no esclarecimento desse tema. O passo seguinte foi a criação do Fórum Nacional do Judiciário para a Saúde, formado por Comitês em todos os Estados da Federação, tendo como objetivo provocar uma constância do debate correlato.

Em razão da complexidade do direito à saúde e a constatação de que a organização do SUS ainda não é compreendida pelos operadores do direito, o Comitê Estadual da Saúde Minas Gerais decidiu elaborar este manual com a finalidade de sintetizar a organização do sistema de saúde brasileiro, tanto na esfera da saúde pública como da saúde suplementar.

2
SISTEMA ÚNICO DE SAÚDE DO BRASIL

Historicamente, a saúde era discutida apenas quando surgiam endemias ou epidemias que atingiam centros urbanos ou causavam impacto orçamentário, sem tomar assento central na política brasileira durante grande parte da história.

A **Saúde Pública** se limitava a intervenções pontuais, geralmente de caráter campanhista no âmbito urbano e para a proteção da comercialização e transporte de alimentos, assim como em portos marítimos, com claro interesse econômico, sobretudo para viabilizar as exportações dos produtos brasileiros.

No início da década de 1980 surgiu, nas universidades brasileiras, a proposta do Movimento Sanitário[1] que se apresentava

---

[1] "O termo 'Reforma Sanitária' foi usado, pela primeira vez, no país, em função da reforma sanitária italiana. A expressão ficou esquecida por um tempo até ser recuperada nos debates prévios à 8ª Conferência Nacional de Saúde, quando foi usada para se referir ao conjunto de ideias que

como oposição às políticas de saúde até então existentes e uma alternativa concreta para a reformulação do sistema de políticas que privilegiavam a atenção privatizante em detrimento de ações públicas. A realidade social era de exclusão da maior parte da população do direito à saúde que, basicamente, limitava-se à assistência prestada pelo Instituto Nacional de Previdência Social – INPS, restrita aos trabalhadores formais, que eram contribuintes dentro da lógica contraprestacional e da cidadania regulada. A atenção aos trabalhadores informais e a todos aqueles que não possuíam condições de despender altos valores em saúde era reservada à atividade filantrópica, sobretudo às Santas Casas.

Em 1986, o Ministério da Saúde convocou a 8ª Conferência Nacional da Saúde que, pela primeira vez, contou com a participação da sociedade civil, envolvendo no seu processo preparatório profissionais da saúde, intelectuais, usuários e membros de partidos políticos e sindicatos (Conselho Nacional de Saúde, 1986[2]). A 8ª Conferência se destinava a "obter subsídios visando contribuir para a reformulação do Sistema Nacional

---

se tinha em relação às mudanças e transformações necessárias na área da saúde. Essas mudanças não abarcavam apenas o sistema, mas todo o setor saúde, introduzindo uma nova ideia na qual o resultado final era entendido como a melhoria das condições de vida da população. [...] Surgiram, também, outras denominações, como 'movimento pela reforma sanitária' e 'movimento da reforma sanitária". (Arouca, 1998) Arouca, Sérgio (1998) "Reforma sanitária" In: Biblioteca Virtual. Rio de Janeiro, Fiocruz http://bvsarouca.icict.fiocruz.br/sanitarista05 [10 junho de 2017]

[2] Conselho Nacional de Saúde - VIII Conferência Nacional de Saúde. Brasília, Brasil 17-21 março de 1986. Brasília: Ministério da Saúde, 1986

de Saúde e proporcionar elementos para se debater a saúde na futura Constituinte".

Nesse evento foi proposta a criação do Sistema Único de Saúde – SUS, tendo como diretrizes: a universalidade, a integralidade das ações e a participação social, além de ampliar o conceito de saúde, colocando-o como um direito dos cidadãos e um dever do Estado.

A Constituição Federal foi um marco para a redefinição das prioridades da política do Estado na área da saúde pública, concebendo o SUS como a maior política de inclusão social implantada sob o regime democrático no Brasil, com fundamento na própria Carta, regulamentada via delegação constitucional pela Lei nº 8.080/90, pela Lei Orgânica da Saúde, pela Lei nº 8.142/91, que organiza as deliberações administrativas, assim como pela Lei Complementar nº 141/2012, que dispõe sobre o financiamento do sistema.

Quanto à **Saúde Suplementar**, a atuação dos entes privados na prestação dos serviços de saúde é observada desde 1944, quando o Banco do Brasil instituiu sua operadora privada em modelo de autogestão. Anos mais tarde foram constatadas outras atividades comerciais e, no ano de 1950[3], planos de saúde comerciais, com clientela aberta, surgiram na modalidade de planos coletivos empresariais através da medicina de grupo no ABC Paulista.

As relações comerciais na década de 50 eram interpretadas à luz da legislação civil e comercial vigentes à época, que era

---

[3] Disponível em http://www.ans.gov.br/aans/quem-somos/historico. Acesso em 15 de março de 2019.

muito favorável ao fornecedor dos serviços em detrimento dos consumidores. Contudo, a partir de 11 de setembro de 1990, quando foi promulgado o Código de Defesa do Consumidor – CDC (Lei nº 8.078/90), houve uma inversão nas premissas com a prevalência na proteção dos interesses do consumidor em detrimento do fabricante ou fornecedor nas relações jurídicas em geral e, sobretudo, na atenção à saúde.

Em observância ao desenho constitucional vigente, verifica-se que os serviços de saúde pública podem ser prestados diretamente pelo Estado (União, Estados, Distrito Federal e Municípios) ou por meio das instituições privadas, estas na condição de complementariedade do sistema (CF, art. 199, § 1º) e que constitui a denominada saúde complementar.

A saúde pública complementar, por sua vez, advém da necessidade de o Estado aumentar sua abrangência e campo de atuação na saúde para atendimento gratuito à população, por meio da atuação de unidades de saúde privada, mediante contraprestação remuneratória estatal, sem, todavia, reduzir ou eliminar a prestação ao público pela forma direta ou promover a substituição pela iniciativa privada. Afasta-se, desde já, qualquer eventual compreensão que possa qualificar a atuação complementar como transitória, precária ou improvisada.

Sendo assim, a atuação das entidades privadas de saúde, no âmbito do Sistema Único de Saúde – SUS, tem se mostrado como instrumento essencial para a manutenção da saúde pública na esfera nacional. As mencionadas entidades têm imprimido muitos esforços e dedicação para, juntamente ao Poder Público, prestarem serviços de qualidade a um grande contingente de pessoas, sendo, inclusive, referências em suas regiões de saúde.

Para que as instituições privadas atuem junto ao SUS, deverão, necessariamente, formalizar os seus respectivos vínculos com o Poder Público, por meio de convênios e contratos, nos ditames das Leis n. 8.080/1990, n. 8.666/1993, n. 12.101/2009 e n. 13.650/2018 (que alterou vários diplomas normativos, dentre eles, a Lei n. 12.101/2009 e a Lei n. 8.429/1992, denominada Lei da Improbidade Administrativa).

Regulamentando as disposições dessas leis, a Portaria de Consolidação n. 01, de 2017, orienta a participação complementar da iniciativa privada na execução de ações e serviços de saúde e o credenciamento de prestadores de serviços de saúde no SUS, em seus artigos 128 a 229.

Nos moldes instituídos pelas Leis n. 8.666/1993 e n. 8.080/1990, o §3º do art. 130 da aludida Portaria também cuidou de dispor sobre a formalização de convênios ou contratos com o Poder Público.

Observa-se, portanto, a necessidade contida expressamente no instrumento normativo regulatório que dispõe sobre a imprescindibilidade de um instrumento que formalize a relação entre a instituição privada (seja ela com ou sem fins lucrativos) e o Poder Público. Ciente, neste particular, de que a atuação dos gestores e dos hospitais se dará nos estritos limites estabelecidos no referido instrumento que formalizou o vínculo entre a entidade privada e o Poder Público.

Forçoso concluir, nesse prisma, a imprescindibilidade da formalização do vínculo entre a entidade privada (com ou sem fins lucrativos), por intermédio de convênios ou de contratos, para resguardar tanto os representantes dos entes públicos – que, se repassarem verbas sem a formalização do vínculo, poderão sofrer ação de improbidade administrativa –, quanto as entidades privadas – que terão um título formal com o qual poderão nortear a sua atuação e garantir a justa contraprestação pelos relevantes serviços prestados.

Com relação ao mercado de saúde suplementar, a Lei nº 9.656/98, de 03 de junho de 1998, foi um importante marco regulatório, eis que passou a reger os contratos, criando regras mais específicas de regulação dos contratos de saúde. Além disso, foi criada, por meio da Lei nº 9.961/2000, a Agência Nacional de Saúde Suplementar – ANS, com poder de regular, normatizar, controlar e fiscalizar as suas atividades.

Atento à introdução do sistema sobre o SUS, não se pode delinear o tema sem ressaltar a existência da prestação e assistência à saúde através dos Institutos de Previdência dos Estados, geralmente organizadas por Autarquias Públicas.

Embora a Constituição Federal, em seu art. 199, "caput" e §1º, tenha disposto sobre a livre iniciativa privada à assistência à saúde, na forma suplementar, além da participação de instituições privadas, na forma complementar ao Sistema Único de Saúde, por meio de convênio ou contrato de direito público, alguns Estados já possuíam sistemas previdenciários próprios naquela oportunidade, que também prestavam serviços de assistência à saúde aos seus servidores e dependentes mediante contribuição.

No Estado de Minas Gerais há o Instituto de Previdência dos Servidores do Estado de Minas Gerais – IPSEMG e o Instituto de Previdência dos Servidores Militares do Estado de Minas Gerais – IPSM, autarquias públicas estaduais que integram a Administração Indireta e que prestam serviços de assistência à saúde e benefícios previdenciários, sendo regidas por leis específicas, com orçamento próprio e receitas vinculadas a contribuições legalmente instituídas.

O IPSEMG, regido pela Lei Complementar nº 64/2002, é destinado aos servidores civis e presta serviços de saúde apenas aos contribuintes facultativos, enquanto o IPSM foi criado pela Lei nº 565/1911, com vinculação à Polícia Militar, cuja finalidade é prestar serviços previdenciários e de assistência à saúde aos militares estaduais e seus dependentes legais, que são contribuintes. Por força do artigo 40, § 20, c/c artigo 142, § 3º, X, da CF/88, o IPSM está atualmente regido pela Lei Estadual 10.366/1990.

Em princípio, os institutos de previdência dos Estados, submetidos ao regime jurídico de direito público, não estão desvinculados do SUS e também não se sujeitam ao regime da Lei nº 9.656/98, que regula a saúde suplementar, submetem-se, portanto, ao controle do Tribunal de Contas das Unidades Federadas respectivas.

No IPSM/MG todos os procedimentos e serviços de saúde prestados estão regulados na Resolução Conjunta nº 07/1995, firmada pelos Comandos das Instituições Militares (PMMG e CBMMG) e pelo IPSM. Nos artigos 17, 18 e 19 da Lei 10.366/1990 estão previstos os procedimentos disponibilizados para a promoção, prevenção e manutenção da saúde dos beneficiários.

A única fonte de receita do IPSM/MG e IPSEMG – autarquias estaduais – é a contribuição dos segurados e do Estado, estando subordinadas aos regramentos do regime jurídico de direito público e sujeitas à devida prestação de contas junto ao Tribunal de Contas do Estado.

Ainda não há uma definição clara acerca dos limites da cobertura de atendimento à saúde que deve ser prestado pelos institutos de previdência, embora se possa afirmar que não integram o SUS e não se sujeitam ao regramento da Agência Nacional de Saúde Suplementar – ANS. Logo, em princípio, submetem-se apenas ao regime jurídico de direito administrativo, cabendo-lhes definir o próprio alcance da prestação de serviços de saúde. Importante ressaltar que esse não é um tema pacificado na jurisprudência.

3
ACESSO À SAÚDE
E EVIDÊNCIA CIENTÍFICA

3.1 Medicina Baseada em Evidência (MBE)

A Medicina Baseada em Evidência – MBE pode ser entendida como a prática da medicina em um contexto em que a experiência clínica é somada com a capacidade de estudar criticamente e aplicar racionalmente a informação científica de forma a melhorar a qualidade da assistência médica[4]. Ou seja, é relação integrativa entre a pesquisa científica existente no momento da análise e a prática clínica, tendo como vetores a efetividade, eficiência, eficácia e segurança do tratamento posto à apreciação.

O Supremo Tribunal Federal – STF possui entendimento firmado quanto à adoção pelo Brasil da corrente da "Medicina

---

[4] A.A. LOPES. Medicina Baseada em Evidências: a arte de aplicar o conhecimento científico na prática clínica. http://www.scielo.br/pdf/ramb/v46n3/3089.pdf. Acesso em 17 de maio de 2019.

Baseada em Evidência" (MBE). Isso está claro na decisão unânime proferida pelo Pleno da Corte, no julgamento da STA nº 175/CE (DJ de 17/03/2010), em que o relator conclui que a análise processual da evidência científica para garantir o acesso à saúde é indispensável para a legitimação da atividade jurisdicional.

O Conselho Nacional de Justiça, por sua vez, tratou da matéria nas Jornadas de Direito da Saúde, o que resultou na elaboração e aprovação dos enunciados números 12, 29, 59 e 89, que destacam a importância de considerar a medicina baseada em evidência na análise do caso concreto.[5]

Nesse contexto, infere-se que as discussões que envolvem o fornecimento de tratamento, medicamentos e assistência médica em geral, ao perpassarem pela ótica da evidência científica, permitem com que a judicialização seja utilizada como ferramenta de aprimoramento de discussões, promovendo um diálogo profícuo entre todos os envolvidos.

3.2 Tratamentos experimentais

A pretensão de acesso a tratamento experimental não pode ser desenvolvida em demanda individual, haja vista que este tipo de discussão requer um diálogo contextualizado entre o direito e a saúde quando se trata, por exemplo, de incorporação de nova tecnologia, notadamente porque há vedação legal expressa, por exemplo, de acesso a medicamentos experimentais e não registrados na Anvisa (Lei nº 8.080/90, art. 19-T).

---

[5] Disponível em http://www.cnj.jus.br/eventos-campanhas/evento/777-iii-jornada-da-saude. Acesso em 23 de maio de 2019.

Para o reconhecimento de novos procedimentos e terapias médicas, o Conselho Federal de Medicina editou a Resolução nº 1.982/2012, que define os critérios de protocolo para a validação dos procedimentos inéditos, experimentais ou considerados novos.

Além disso, a Comissão Nacional de Ética em Pesquisa – CONEP, do Conselho Nacional de Saúde, criada através da Resolução nº 196/96, trouxe como objetivo implementar as normas e diretrizes regulamentadoras de pesquisas envolvendo seres humanos, sendo-lhe atribuída função consultiva, deliberativa, normativa e educativa, bem como a atuação conjunta com uma rede de Comitês de Ética em Pesquisa – CEP.

Por fim, a autorização para a realização de pesquisa clínica de novos medicamentos é dada pela Agência Nacional de Vigilância Sanitária (Anvisa), conforme as regras da Resolução da Diretoria Colegiada – RDC nº 09, de 2015, cabendo-lhe avaliar os aspectos metodológicos, de segurança científica dos testes realizados em humanos e, ainda, fiscalizar as boas práticas clínicas nas pesquisas, com a avaliação da adequação dos locais onde serão desenvolvidas, enquanto cabe à CONEP analisar os aspectos éticos dos estudos realizados.

4
ORGANIZAÇÃO DA SAÚDE PÚBLICA

4.1 Sistema Único de Saúde (SUS)

Embora o sistema de saúde brasileiro instituído na Constituição Federal esteja regulado pelas Leis nº 8.080/90, nº 8.142/91 e Lei Complementar nº 141/2012, a sua organização não se limita a estes diplomas normativos; ciente de que eles são responsáveis pela orientação na edição dos mais diversos atos normativos que traduzem seu arcabouço jurídico.

O SUS é o maior sistema público de saúde do mundo[6], que assegura o acesso universal e igualitário com diretriz de

---

[6] Cf. Souza, Renilson R. "O Sistema Público de Saúde Brasileiro". Seminário Internacional: Tendências e Desafios dos Sistemas de Saúde nas Américas. São Paulo, Brasil 11-14 de maio de 2002. Brasília: Ministério da Saúde http://bvsms.saude.gov.br/bvs/publicacoes/sistema_saude.pdf

integralidade para todas as pessoas que estão no território nacional.[7]

O Sistema é formado pelo *"conjunto de todas as ações e serviços de saúde prestados por órgãos e instituições públicas e federais, estaduais e municipais, da administração direta e indireta e das fundações mantidas pelo poder público"* (Lei 8.0890/90, art. 4º).

De acordo com os artigos 196 e 198 da CF e art. 7º da Lei nº 8.080/90, o SUS está orientado na garantia de acesso universal, gratuito, igualitário dentro da diretriz de integralidade, destacando-se como estratégia organizativa sua descentralização, com comando único em cada esfera de governo, além da participação social.

Portanto, o SUS é um sistema universal, gratuito, igualitário e integral, desenhado para o atendimento de todas as pessoas em território nacional, de forma equitativa e sem discriminação de qualquer natureza. Está organizado dentro de um formato de rede regionalizada e hierarquizada, com responsabilidade sistêmica da União, do Distrito Federal, dos Estados e dos Municípios.

4.2 Política Pública de Saúde

As políticas públicas são os meios de ação estatal para o desenvolvimento social, definindo a atuação ou omissão do "Estado". No âmbito da saúde, visam à melhoria das condições

---

[7] Lei 8.080/90. Art. 1º Esta lei regula, em todo o território nacional, as ações e serviços de saúde, executados isolada ou conjuntamente, em caráter permanente ou eventual, por pessoas naturais ou jurídicas de direito Público ou privado.

de saúde da população e dos ambientes natural, social e do trabalho. Sua tarefa específica, em relação às outras políticas públicas da área social, consiste em organizar as funções públicas governamentais para a promoção, proteção e recuperação da saúde dos indivíduos e da coletividade.-

Para alcançar os objetivos públicos propostos na Constituição Federal é necessário que a atenção à saúde ocorra dentro das políticas públicas, com a organização das funções governamentais de promoção, proteção e recuperação da saúde dos indivíduos e da coletividade, considerando a realidade social de cada região.

4.3 Princípios e Diretrizes Orientadores da Saúde Pública

O SUS possui como base dos seus princípios reguladores as orientações constantes no artigo 198 da CF e o Capítulo II da Lei n.º 8.080/1990.

4.3.1 Princípios e Diretrizes Doutrinários ou Finalísticos

4.3.1.1 Universalidade

Por força de disposições constitucionais, deve ser assegurado o acesso universal e igualitário à saúde para a sua promoção, proteção e recuperação (art. 196), que deve ocorrer de acordo com a relevância pública das ações e serviços de saúde definidos por lei (art. 197).

A universalização dos serviços de saúde impõe ao Estado o dever de ofertar serviços e ações nessa área a todos que deles necessitem, desde ações preventivas e de promoção até aquelas de redução de agravos. Isto não se limita à ideia de acesso a toda a população, mas também é instrumento de eliminação das barreiras jurídicas, econômicas, culturais e sociais para a sua materialização.

4.3.1.2 Integralidade

A diretriz de integralidade de atendimento proposta pelo SUS (CF, art. 198, II) se refere ao modelo de atenção, considerando o conjunto de ações para a promoção, prevenção de riscos e agravos, assistência e recuperação da saúde, seja por ações para a detecção precoce de doenças, diagnóstico, seja para o tratamento ou reabilitação.[8]

A integralidade como "diretriz" propicia, enfim, o entrosamento de políticas, programas, práticas e cuidados, o que não significa dizer que deva ser deferido tudo para todos, porque estará vinculada a Protocolos Clínicos e Diretrizes Terapêuticas – PCDT, tudo orientado na Medicina Baseada em Evidência – MBE.

---

[8] A integralidade dos serviços públicos de saúde, com prioridade para as ações preventivas, abarca a noção de que o sistema público deve oferecer atenção integral às pessoas, compreendendo ações de promoção, prevenção e recuperação da saúde e englobando serviços de atenção primária, secundária e terciária. A integralidade inclui, ainda, os serviços de assistência farmacêutica e os de recuperação e reabilitação. *Aith, Fernand; Bujdoso, Yasmin; Nascimento, Paulo R.; Dallari, Sueli G.*Os princípios da universalidade e integralidade do SUS sob a perspectiva da política de doenças raras e da incorporação tecnológica" *Revista de Direito Sanitário.* (1) 15, 10-39. 2014

ORGANIZAÇÃO DA SAÚDE PÚBLICA   19

4.3.1.3 Equidade

A equidade diz respeito à necessidade de se "tratar desigualmente os desiguais", de modo a se alcançar a igualdade de oportunidades de sobrevivência, de desenvolvimento pessoal e social entre os membros de uma dada sociedade.[9]

Para tanto, ultrapassar as desigualdades em saúde implica redistribuição, inclusive, do perfil da oferta de ações e serviços. Enfim, é reconhecer que as desigualdades devem ser superadas.

4.3.2 Princípios Estratégicos ou Organizativos da Saúde Pública

4.3.2.1 Descentralização e regionalização

Os princípios da descentralização da gestão e da regionalização do SUS (CF, art. 198, Lei nº 8.8090, art. 9º), apesar de conceitualmente distintos, formam um misto no qual as ações e as políticas adotadas para alcançá-los os tornaram próximos.

A **descentralização da gestão** refere-se à transferência de poder de decisão, competência, responsabilidades e funções, nos três níveis de atenção (federal, estadual e municipal), no que diz respeito à condução político-administrativa do sistema de saúde.

A **regionalização** refere-se à delimitação de território para atuação do SUS. Para tanto, consideram-se a divisão

---

[9] Equidade é a ausência de diferenças sistemáticas e potencialmente remediáveis em um ou mais aspectos de saúde nos grupos ou subgrupos populacionais definidos socialmente, economicamente, demograficamente ou geograficamente (ISEH, 2001) Cf. International Society for Equity in Health (2001) Working definitions.

e subdivisão político-administrativa do País, colocando o Município mais próximo do paciente no atendimento de ações e serviços básicos de saúde e, repercutindo as discrepâncias regionais, devem ser apostos no planejamento local na estruturação da rede de serviços.

De acordo com o Decreto nº 7.508/2011, regulamentador da Lei nº 8.080/90, "Região de Saúde" é o espaço geográfico contínuo constituído por agrupamento de municípios limítrofes, delimitado a partir de identidades culturais, econômicas e sociais e de redes de comunicação e infraestrutura de transportes compartilhados, com a finalidade de integrar a organização, o planejamento e a execução de ações e serviços de saúde, através de acordos de colaboração celebrados entre os entes federados.

As **Comissões Intergestores,** nos termos do ato normativo secundário supra, são as instâncias de pactuação consensual para a organização e o funcionamento das ações e serviços de saúde em redes regionalizadas e integrados.

A regionalização é uma estratégia para a formação de um sistema de saúde mais eficiente, que envolve especialmente os municípios e os estados, para ampliar o acesso aos serviços, executando ações de prevenção e promoção em seus respectivos territórios.

Os artigos 14-A e 14-B da Lei nº 8.080/90 dispõem sobre as condições para a promoção, proteção e recuperação da saúde, a organização e o funcionamento dos serviços correspondentes. Reconhecem as comissões:

a) âmbito nacional, a Comissão Intergestores Tripartite (CIT);

b) âmbito estadual, a Comissão Intergestores Bipartite (CIB);

c) âmbito regional, a Comissão Intergestores Regional (CIR).

4.3.2.2 Hierarquização

A hierarquização dos serviços considera a capacidade instalada de cada esfera de atuação, dizendo respeito à organização dos serviços e unidades de saúde, em atenção ao grau de complexidade tecnológica e a especificidade de atendimento exigidas. Consideram-se três níveis: baixa (unidades básicas de saúde), média (hospitais secundários e ambulatórios de especialidades) e alta complexidade (hospitais terciários).[10]

Isso tudo é articulado através de um sistema de referência, da menor para a maior complexidade, e contrarreferência, da maior para a menor complexidade. O modelo de hierarquização garante o acesso aos serviços do SUS, desde o mais simples até o mais complexo, de acordo com as reais necessidades do tratamento.

---

[10] A construção de uma rede baseia-se na constatação de que os problemas de saúde não se distribuem uniformemente na população, no espaço e no tempo, e envolvem tecnologias de diferentes complexidades e custos. Assim, a organização dos serviços é condição fundamental para que estes ofereçam as ações necessárias de forma apropriada. Para isso, é preciso definir as unidades que compõem a rede por níveis de atenção (hierarquização) e distribuí-las geograficamente (regionalização). Kuschnir Rosana; Lima, Luciana D.; Baptista, Tatiana Wargas F.; Machado, Cristiani Organização da atenção. In Qualificação de gestores do SUS Oliveira, Oliveira, Roberta G.; Grabois; Victor M. J., Rio de Janeiro: EAD/Ensp, 2011

4.3.2.3 Participação Social

A participação social no SUS, nas três esferas (federal, estadual e municipal), é exercida por meio dos Conselhos e da Conferência de Saúde (Lei 8.142/90, art. 1º), que são os órgãos deliberativos permanentes para a tomada de decisões nos assuntos de saúde.

Os Conselhos Municipais e Estaduais de Saúde têm a função de atuar na proposição, debates e acompanhamento das ações relativas à saúde local. Sua formação obrigatoriamente é paritária, sendo constituídos por 50% de usuários e 50% divididos entre representantes dos governos, de prestadores e de trabalhadores da área da saúde.

4.3.3 Níveis de responsabilidade dos gestores

A Lei Orgânica da Saúde - LOS (Lei nº 8.080/90) insere dentre seus princípios e diretrizes elencados no art. 7º, a *"universalidade de acesso aos serviços de saúde em todos os níveis de assistência"* (I), com a *"integralidade de assistência, entendida como conjunto articulado e contínuo das ações e serviços preventivos e curativos, individuais e coletivos, exigidos para cada caso em todos os níveis de complexidade do sistema"* (II), com a *"descentralização político-administrativa, com direção única em cada esfera de governo: a) ênfase na descentralização dos serviços para os municípios; b) regionalização e hierarquização da rede serviços de saúde"* (IX), além da *"conjugação dos recursos financeiros, tecnológicos, materiais e humanos da União, dos Estados, do Distrito Federal e dos Municípios na prestação de serviços de assistência à saúde da população"* (XI), com a *"organização dos serviços públicos de modo a evitar duplicidade de meios para fins idênticos"* (XIII).

A organização regionalizada e hierarquizada em níveis de complexidade crescente está reafirmada no art. 8º da LOS, sendo que a regra estampada no art. 15 enumera as hipóteses das atribuições comuns à União, aos Estados, ao Distrito Federal e aos Municípios, enquanto os artigos 16, 17 e 18 normatizam a competência da direção nacional, estadual e municipal do Sistema Único de Saúde. Como se tudo isso não bastasse, o art. 19-U da mesma lei estabelece que "A responsabilidade financeira pelo fornecimento de medicamentos, produtos de interesse para a saúde ou procedimentos de que trata este Capítulo será pactuada na Comissão Intergestores Tripartite".

O Decreto regulamentar nº 7.508/11 já referido fixa as regras de execução do contrato organizativo com a afirmação:

> Art. 35. O Contrato Organizativo de Ação Pública da Saúde definirá as responsabilidades individuais e solidárias dos entes federativos com relação às ações e serviços de saúde, os indicadores e as metas de saúde, os critérios de avaliação de desempenho, os recursos financeiros que serão disponibilizados, a forma de controle e fiscalização da sua execução e demais elementos necessários à implementação integrada das ações e serviços de saúde.

Além disso, o art. 36 daquele ato normativo secundário dispõe que o Contrato Organizativo da Ação Pública de Saúde disporá sobre as *"responsabilidades assumidas pelos entes federativos perante a população no processo de regionalização, as quais serão estabelecidas de forma individualizada, de acordo com o perfil, a organização e a capacidade de prestação das ações e dos serviços de cada ente federativo da Região de Saúde"* (III).

Em consonância com o que dispõe o art. 19-U da Lei 8.08090, foi aprovada a Relação Nacional de Medicamentos Essenciais – RENAME na Comissão Intergestores Tripartite – CIT nº 1, de 17 de janeiro de 2012. A RENAME 2011 é atualizada bienalmente, estando em vigor a RENAME 2018, aprovada pela Portaria nº 3.733, de 22 de novembro de 2018, que traz regras claras sobre a competência da direção nacional, estadual e municipal.

Esse contexto normativo leva à conclusão de que o art. 23, II, da Constituição Federal traz uma responsabilidade comum (solidária) entre a União, Estados, Distrito Federal e Municípios, conforme já reconhecido pelo STF no julgamento do Recurso Extraordinário 855178, em repercussão geral (Tema 793), que foi reafirmado no julgamento de 22.05.2019, embora reconheça a possibilidade de redirecionamento na fase executiva, fixando a seguinte tese:

> Os entes da Federação, em decorrência da competência comum são solidariamente responsáveis nas demandas prestacionais na área da saúde e, diante dos critérios constitucionais de descentralização e hierarquização, compete à autoridade judicial direcionar o cumprimento conforme as regras de repartição de competência de determinar o ressarcimento a quem suportou o ônus financeiro.

Inobstante aos precedentes do STF sobre o tema, não há como deixar de ponderar que tanto na Constituição Federal (art. 198), quanto na Lei nº 8.080/90 (art. 15, 16, 17 18 e art. 20-U), bem como no Decreto nº 7.508/11 (art. 35) e na Resolução MS nº 01/2011, resultado de pactuação na CIT, que define regras para a RENAME, há diretrizes claras de organização do sistema com a repartição de competência e distribuição de atribuições entre os gestores.

Com isso tudo, conclui-se que o referido art. 23, II, da CF traz uma responsabilidade comum apenas sistêmica para que os três níveis da Federação definam as regras de organização do SUS. A partir da sua organização, são essas as regras que regem as atribuições de cada ente federado.

4.4 Financiamento

O financiamento da Saúde Pública, por força da CF, é solidário e garantido por percentuais mínimos e específicos das receitas de determinados impostos e transferências constitucionais, sendo de responsabilidade de todos os entes da Federação, nos seguintes percentuais:

> **União Federal**, a receita corrente líquida do respectivo exercício financeiro, não podendo ser inferior a 15% (quinze por cento) (Art. 198, §2º da CF);

> **Estados** e o **Distrito Federal** aplicarão, anualmente, em ações e serviços públicos de saúde, no mínimo, 12% (doze por cento) da arrecadação dos impostos a que se refere o art. 155 e dos recursos de que tratam o art. 157, a alínea "a" do inciso I e o inciso II do "caput" do art. 159, todos da Constituição da República, deduzidas as parcelas que forem transferidas aos respectivos Municípios (Art. 6º da LC 141/12);

Municípios e o **Distrito Federal** aplicarão anualmente em ações e serviços públicos de saúde, no mínimo, 15% (quinze por cento) da arrecadação dos impostos a que se refere o art. 156 e dos recursos de que tratam o art. 158 e a alínea "b" do inciso I do "caput" e o § 3º do art. 159, todos da Constituição da República.

Como o Distrito Federal centraliza as receitas de municípios e de estados, os percentuais de destinação orçamentária para a saúde observarão cada uma das fontes de receita.

4.4.1 Fundos de Saúde

A administração dos recursos financeiros da saúde pública se dá por meio dos Fundos de Saúde. Estes existem nas três esferas de poder e se colocam, ao lado dos Conselhos, Planos de Saúde e Relatórios de Gestão, como instrumentos fundamentais do SUS. Todos os recursos municipais, estaduais ou federais alocados na saúde da municipalidade devem ser administrados e movimentados pelo Fundo Municipal de Saúde (FMS). Compete ao Conselho Municipal de Saúde fiscalizar a movimentação do FMS.

4.4.2 Transferências Automáticas (Fundo a Fundo)

As transferências automáticas de recursos ("fundo a fundo") são repasses regulares feitos pelo Fundo Nacional de Saúde – FNS, nos termos do art. 17 da LC nº 141/2012, para os Estados, o Distrito Federal e os Municípios, ou pelo Fundo Estadual de Saúde – FES a Municípios. Esses repasses ocorrem independentemente de convênios ou instrumentos similares e se destinam ao financiamento das ações e dos serviços do SUS, abrangendo recursos para a atenção básica e para os procedimentos de média e alta complexidade. Se determinado

Município deixa de atender aos requisitos estabelecidos pela lei na administração dessas verbas perde sua habilitação para geri-las, e elas passam a ser administradas, respectivamente, pelos Estados ou pela União.

4.5 Lei Complementar 141/12 e Emenda Constitucional nº 95/2016

A Lei Complementar 141/12 dispõe sobre os percentuais mínimos a serem aplicados pelos entes públicos na saúde pública, bem como enumera o que é considerado despesa com ações e serviços públicos de saúde, além de estabelecer procedimentos de escrituração e consolidação das contas da saúde, prestação de contas e fiscalização da gestão.

A Emenda Constitucional 95/2016, nominada de Novo Regime Fiscal (teto dos gastos), em síntese, limitou as despesas de um modo geral, tomando por base as despesas primárias realizadas no exercício de 2016, sendo que, para os próximos vinte anos, será reajustado nos termos do Índice Nacional de Preços ao Consumidor Amplo – IPCA, apontado pelo Instituto Brasileiro de Geografia e Estatística – IBGE.

4.6 Planejamento

Na área da saúde, o planejamento deve ser feito com base no perfil epidemiológico[11] da comunidade.

---

[11] A epidemiologia é definida como "o estudo da frequência, da distribuição e dos determinantes dos estados ou eventos relacionados à saúde em específicas populações e a aplicação desses estudos no controle dos problemas de saúde" (LAST, 1998). Disponível em http://www.unasus.ufma.br/site/files/livros_isbn/isbn_epidemio01.pdf. Acesso em 19/03/2019.

O planejamento na saúde ocorre em dois momentos: os instrumentos específicos da saúde e os instrumentos orçamentários os quais indicam os recursos financeiros que irão permitir a execução dos instrumentos específicos.

4.6.1 Instrumentos Específicos da Saúde

Os principais instrumentos de planejamento na área da saúde são:

- Plano Municipal de Saúde – PMS;
- Programação Anual de Saúde – PAS;
- Relatório Anual de Gestão – RAG.

4.6.1.1 Plano Municipal de Saúde (PMS)

O Plano Municipal de Saúde – PMS é uma importante ferramenta de administração e pode contribuir no processo de compreensão dos principais problemas e desafios enfrentados pela saúde municipal; no processo de definição de objetivos para a gestão, bem como a visualização das estruturas, das mediações e das ações necessárias para alcançar tais objetivos; no processo de definição de uma agenda e um cronograma para as ações e medidas empreendidas; e também no processo de monitoramento e avaliação da gestão.

O PMS deve conter uma análise situacional da saúde do município – a estrutura do sistema, sua rede de saúde, as condições sociossanitárias, os fluxos de acesso, os recursos financeiros, descrição dos processos de gestão do trabalho e da educação na saúde, e a descrição dos processos de inovação tecnológica em saúde –, uma descrição dos objetivos, diretrizes, metas e indicadores, e uma descrição dos processos de monitoramento e avaliação.

ORGANIZAÇÃO DA SAÚDE PÚBLICA   29

Sua validade é de quatro anos – do segundo ano do governo recém-eleito ao primeiro ano do próximo governo – devendo ser apresentado até 15 de abril do primeiro ano de governo, e, consequentemente, subsidiando o planejamento orçamentário do município.

4.6.1.2 Programação Anual de Saúde (PAS)

A PAS descreve as ações e seus respectivos recursos financeiros planejados, apontando anualmente tais aspectos e, também, delineando os objetivos e metas atrelados a referidas ações. A PAS deve ser aprovada pelo CMS antes do encaminhamento da Lei de Diretrizes Orçamentárias (LDO) – visto que a PAS subsidia o planejamento orçamentário do município – do exercício correspondente, sendo sua execução no ano subsequente. A PAS deve ser apresentada para subsidiar o planejamento orçamentário do município até 15 de abril para sua vigência no ano seguinte.

4.6.1.3 Relatório Anual de Gestão (RAG)

O Relatório Anual de Gestão – RAG refere-se à apresentação de resultados atrelados ao PAS, devendo conter *(i)* as diretrizes, objetivos e indicadores do PMS; *(ii)* as metas previstas e executadas da PAS; *(iii)* a análise da execução orçamentária; *(iv)* e recomendações necessárias, inclusive redirecionamentos necessários à revisão do PMS. O RAG deve ser enviado ao Conselho Municipal de Saúde – CMS até 30 de março do ano seguinte à sua competência para análise e emissão de parecer pelo conselho. O RAG deve ser produzido utilizando-se o Sistema de Apoio ao Relatório de Gestão – SARGSUS, pois é o que garante a comprovação ao Tribunal de Contas da União – TCU do cumprimento das obrigações do gestor municipal.

4.6.2 Instrumentos Orçamentários

O planejamento com os instrumentos específicos da saúde (PMS, PPA e RAG) precisam interagir com o planejamento orçamentário da Administração Pública, pois as Ações e Serviços Públicos de Saúde (ASPS) são programadas de acordo com os recursos disponíveis nos orçamentos públicos.

4.6.2.1 Plano Plurianual de Ação Governamental (PPA)

O Plano Plurianual – PPA é um instrumento da administração e do planejamento públicos, cujo conteúdo é a programação do governo, para quatro anos, de suas diretrizes, objetivos e metas, descrevendo os programas e ações que resultarão em bens e serviços para a população. Seu período de vigência é do segundo ano do governo vigente ao primeiro ano do governo sucessor. Desta forma, o aumento de despesa decorrente de expansão ou criação de novas ações e serviços deve estar previsto no PPA. O PPA deve ser compatível ao PMS e às leis orçamentárias. Seu prazo de encaminhamento ao Legislativo é de quatro meses antes de se encerrar o primeiro exercício financeiro - 31 de agosto.

4.6.2.2 Lei de Diretrizes Orçamentárias (LDO)

A Lei de Diretrizes Orçamentárias – LDO é outro instrumento da Administração Pública, responsável por mediar a PPA e a LOA, definindo diretrizes e metas prioritárias (contidas no PPA), relacionando-as à viabilidade orçamentária subsequente ao exercício. Portanto, a LDO deve conter as metas e objetivos prioritários; orientações para a elaboração da LOA; quaisquer alterações nas leis tributárias e na política de pessoal e a fixação de limites orçamentários para os poderes.

A LDO, em decorrência da Lei de Responsabilidade Fiscal (LRF), também deve conter aspectos do equilíbrio entre receita e despesas; dos critérios e limites para empenho; das normas de avaliação e controle dos recursos de programas atrelados ao orçamento; das condições para transferências de recursos a instituições públicas ou privadas, da caracterização das metas fiscais e dos riscos fiscais.

A LDO deve ser objeto de audiência pública dos Poderes Executivos e Legislativos. Seu prazo para encaminhamento à Câmara de Vereadores é de oito meses e meio antes do encerramento do exercício financeiro - 15 de abril.

4.6.2.3 Lei Orçamentária Anual (LOA)

A Lei Orçamentária Anual – LOA é o instrumento da gestão pública que descreve as ações a serem realizadas pelo governo, define as receitas e autoriza os gastos para a execução, devendo ser compatível ao PPA e à LDO.

4.7 Níveis de Atenção da Saúde Pública

O SUS ordena o cuidado com a saúde em níveis de atenção, que são de básica, média e alta complexidade. Essa estruturação visa à melhor programação e planejamento das ações e dos serviços do sistema de saúde. Não se deve, porém, desconsiderar algum desses níveis de atenção, porque a atenção à saúde deve ser integral[12].

---

[12] Portarias de Consolidação do SUS números 1 a 6 (PRC´s), de 03 de outubro de 2017.

4.7.1 Atenção Primária / Básica

A atenção básica constitui o primeiro nível de atenção à saúde adotado pelo SUS. É um conjunto de ações que engloba promoção, prevenção, diagnóstico, tratamento e reabilitação. Desenvolve-se por meio de práticas gerenciais e sanitárias, democráticas e participativas, sob a forma de trabalho em equipe, dirigidas a populações de territórios delimitados, pelas quais assumem responsabilidade.

Utiliza tecnologias de elevada complexidade e baixa densidade, objetivando solucionar os problemas de saúde de maior frequência e relevância das populações. É o contato preferencial dos usuários com o sistema de saúde. Deve considerar o sujeito em sua singularidade, complexidade, inteireza e inserção sociocultural, além de buscar a promoção de sua saúde, a prevenção e tratamento de doenças e a redução de danos ou de sofrimentos que possam comprometer suas possibilidades de viver de modo saudável.

A Saúde da Família é parte da estratégia de estruturação eleita pelo Ministério da Saúde para reorganização da atenção básica no País, com recursos financeiros específicos para o seu custeio. Cada equipe é composta por um conjunto de profissionais (médico, enfermeiro, auxiliares de enfermagem e agentes comunitários de saúde, podendo contar com profissional de saúde bucal) que se responsabiliza pela situação de saúde de determinada área, cuja população deve ser de no mínimo 2.400 e no máximo 4.500 pessoas. Essa população deve ser cadastrada e acompanhada, tornando-se responsabilidade das equipes atendê-la, entendendo suas necessidades de saúde como resultado também das condições sociais, ambientais e econômicas em que vive.

Os profissionais é que devem ir até suas casas, porque o objetivo principal da Saúde da Família é justamente aproximar as equipes das comunidades e estabelecer entre elas vínculos sólidos.

Constata-se, pela própria introdução, que a família, como unidade de cuidado, é a ponto central que justifica o programa de Estratégia de Saúde da Família, sendo que esta possui como objetivo substituir o modelo clássico de assistência, antes voltado para a cura de doenças em hospitais, agora com o objetivo de direcionar sua atenção ao núcleo familiar, possibilitando com que a equipe de profissionais de saúde compreenda de forma ampla o processo saúde-doença, executando intervenções muito além das práticas curativas.

A Estratégia de Saúde da Família (ESF) surge, então, da imprescindibilidade de uma nova modalidade de atendimento para efetivo suprimento das necessidades da população, distinguindo pelo viés de promoção da saúde. E, como parte do processo de descentralização e municipalização das ações de saúde, a implementação e desenvolvimento deste modelo são coordenados pelo gestor da municipalidade.

Diante disso, uma vez consumada a aproximação das equipes junto às comunidades e confirmada a solidez do vínculo, o programa em tela busca possibilitar que os profissionais: a) conheçam a realidade das famílias pelas quais são responsáveis, identificando os problemas de saúde mais comuns e situações de risco aos quais a população está exposta; b) executem os procedimentos de vigilância à saúde e de vigilância epidemiológica, nos diversos ciclos da vida; c) garantam a continuidade do tratamento, pela adequada referência do caso; d) prestem assistência integral, respondendo de forma contínua e racionalizada à demanda, buscando contatos com indivíduos sadios ou doentes e promovendo a saúde por meio da educação sanitária; e) realizem ações intersetoriais e parcerias com organizações formais e informais existentes na comunidade para o enfrentamento conjunto dos problemas; f) discutam, de forma permanente, junto à equipe e à comunidade, o conceito de cidadania, enfatizando os direitos de saúde e as bases legais que os legitimam; g) incentivem a formação e participação ativa nos conselhos locais de saúde e no Conselho Municipal de Saúde.

De acordo com informações atuais (2019) extraídas do portal do Ministério da Saúde, a Equipe de Saúde da Família está ligada à Unidade Básica de Saúde – UBS local, sendo que este nível de atenção resolve 80% dos problemas de saúde da população. Ciente de que, se o usuário do serviço precisar de um cuidado mais avançado, a ESF é responsável pelo competente encaminhamento.

4.7.2 Média Complexidade

A média complexidade se compõe por ações e serviços que visam a atender aos principais problemas de saúde e agravos da população, cuja prática clínica demande disponibilidade de profissionais especializados e o uso de recursos tecnológicos de apoio diagnóstico e terapêutico.

Os grupos que compõem os procedimentos de média complexidade do Sistema de Informações Ambulatoriais – SIA

ORGANIZAÇÃO DA SAÚDE PÚBLICA   35

são os seguintes: 1) procedimentos especializados realizados por profissionais médicos, outros de nível superior e nível médio; 2) cirurgias ambulatoriais especializadas; 3) procedimentos trauma-to-ortopédicos; 4) ações especializadas em odontologia; 5) patologia clínica; 6) anatomopatologia e citopatologia; 7) radiodiagnóstico; 8) exames ultra-sonográficos; 9) diagnose; 10) fisioterapia; 11) terapias especializadas; 12) próteses e órteses; 13) anestesia.

O gestor deve adotar critérios para a organização regionalizada das ações de média complexidade, considerando a necessidade de qualificação e especialização dos profissionais para o desenvolvimento das ações; os dados epidemiológicos e sóciodemográficos de seu município; a correspondência entre a prática clínica e a capacidade resolutiva diagnóstica e terapêutica; a complexidade e o custo dos equipamentos; a abrangência recomendável para cada tipo de serviço; economias de escala e métodos e técnicas requeridas para a realização das ações.

4.7.3 Alta Complexidade

A alta complexidade é o conjunto de procedimentos que envolve alta tecnologia e alto custo, objetivando propiciar à população o acesso a serviços qualificados, integrando-os aos demais níveis de atenção à saúde (atenção básica e de média complexidade). As principais áreas que compõem a alta complexidade do SUS estão organizadas em "redes". Os procedimentos da alta complexidade estão relacionados na tabela do SUS, em sua maioria no Sistema de Informação Hospitalar – SIH do SUS, e estão também no Sistema de Informações

Ambulatorial – SIA em pequena quantidade, mas com impacto financeiro extremamente alto, como é o caso dos procedimentos de diálise, da quimioterapia, da radioterapia e da hemoterapia.

4.7.4 Portas de entrada do SUS

Com o advento do Decreto nº 7.508, de 28 de junho de 2011, passou-se a considerar a organização do SUS sob a ótica da região de saúde. Para ser instituída a região de saúde devem ser observados alguns requisitos mínimos, consoante disposto no art. 5º da referida Lei.

Assim, a premissa principiológica da universalização é reafirmada no art. 8º do mesmo Decreto, quando se fala, novamente, do acesso universal. Isso ocorre desde que este acesso se inicie pelas portas de entrada do SUS, completando-se na rede regionalizada e hierarquizada, de acordo com a complexidade do serviço.

As portas de entrada para as ações e os serviços de saúde nas Redes de Atenção à Saúde – RAS são, notadamente, os serviços de atenção primária; de atenção de urgência e emergência; de atenção psicossocial; e especiais de acesso aberto, conforme disposto no art. 9º do mencionado Decreto.

Além disso, existem imposições claras de obrigações aos gestores, conforme artigo 13 do citado Decreto 7.508/2011, de garantir a transparência, a integralidade e a equidade no acesso às ações e aos serviços de saúde; orientar e ordenar os fluxos das ações e dos serviços de saúde; monitorar o acesso às ações e aos serviços de saúde; e ofertar regionalmente as ações e os serviços de saúde. Estas obrigações poderão ser ampliadas, caso

ORGANIZAÇÃO DA SAÚDE PÚBLICA 37

seja definido nas Comissões Intergestores, para assegurar ao usuário o acesso universal, igualitário e ordenado às ações e serviços de saúde do SUS.

4.8 Atendimento de URGÊNCIA/EMERGÊNCIA

Com relação ao atendimento de urgência/emergência, importante destacar as Redes Temáticas de Atenção à Saúde Prioritárias do Ministério da Saúde - RAASP/MS, que podem ser classificadas em:

- Rede Cegonha;
- Rede de Atenção às Urgências e Emergências (RUE);
- Rede de Atenção Psicossocial (Raps);
- Rede de Cuidado à Pessoa com Deficiência;
- Rede de Atenção à Saúde das Pessoas com Doenças Crônicas.

Segundo o Ministério da Saúde, a rede de atenção à saúde temática deve se organizar a partir da necessidade de enfrentamentos de vulnerabilidades, agravos ou doenças que acometam as pessoas ou as populações.

Para conhecer um pouco mais, basta acessar o "site": http://dab.saude.gov.br/portaldab/smp_ras.php?conteudo=rede_proprietaria

4.9 Incorporação de Tecnologias na Saúde Pública

A incorporação de tecnologias no SUS compete ao Ministério da Saúde, nos termos do artigo 19-Q da Lei nº 8.080/90.

De acordo com a mesma Lei, os relatórios emitidos pela Comissão Nacional de Incorporação de Tecnologias no SUS – CONITEC são elaborados com base em evidências científicas sobre a eficácia, a acurácia, a efetividade e a segurança do medicamento, produto ou procedimento, além de avaliação econômica comparativa dos benefícios e dos custos em relação às tecnologias já incorporadas.

No "site" da CONITEC (www.conitec.gov.br) há diversas informações sobre o SUS, como as tecnologias já demandadas, recomendações da Comissão e os Protocolos Clínicos e Diretrizes Terapêuticas – PCDT. Esses protocolos são documentos que estabelecem critérios para o diagnóstico da doença ou do agravo à saúde, o tratamento preconizado com os medicamentos indicados, demais produtos apropriados, além de mecanismos de controle clínico, acompanhamento e verificação dos resultados terapêuticos.

A utilização de medicamentos no âmbito do SUS tem como base os PCDT. Em função disso, alguns fármacos são oferecidos apenas para condições clínicas específicas, ou seja, se um medicamento é padronizado pelo SUS, mas não é ofertado a todos os usuários, é porque existem evidências científicas que sustentam a oferta apenas para tratamento de determinadas enfermidades.

Os medicamentos, produtos, procedimentos incorporados ao SUS são definidos e tornados públicos por meio da Relação Nacional de Ações e Serviços de Saúde – RENASES e da Relação Nacional de Medicamentos Essenciais – RENAME.

Os artigos 19-M, 19-O e 19-Q da Lei 8.080/90 estabelecem de forma muito clara que a integralidade de atendimento

ORGANIZAÇÃO DA SAÚDE PÚBLICA   39

na saúde deve ocorrer em conformidade com os Protocolos
Clínicos e Diretrizes Terapêuticas – PCDT, parametrizando a
Medicina Baseada em Evidência – MBE, que consiste numa
técnica que atesta com o maior grau de certeza a eficiência,
efetividade e segurança de medicamentos, produtos, exames
e tratamentos, que tenham sido objeto de estudos científicos
aprofundados, para que os verdadeiros progressos das pesquisas médicas sejam transpostos para a prática.

4.10 Política Nacional da Assistência Farmacêutica

Nos termos do art. 1º da Resolução nº 338, de 06 de maio
de 2004, a Assistência Farmacêutica, política pública nortea-
dora para a formulação de políticas setoriais, *"(...) trata de um
conjunto de ações voltadas à promoção, proteção e recuperação
da saúde, tanto individual como coletivo, tendo o medicamento como insumo essencial e visando o acesso e ao seu uso racional. Esse conjunto envolve a pesquisa, o desenvolvimento e a
produção de medicamentos e insumos, bem como a sua seleção,
programação, aquisição, distribuição, dispensação, garantia da
qualidade dos produtos e serviços, acompanhamento e avaliação
de sua utilização, na perspectiva da obtenção de resultados concretos e da melhoria da qualidade de vida da população".*[13]

4.11 Assistência Farmacêutica

A assistência farmacêutica não se resume à oferta de fármacos aos usuários, uma vez que o acesso aos medicamentos,

---

[13] http://bvsms.saude.gov.br/bvs/saudelegis/cns/2004/res0338_06_05_2004.
html

de forma isolada, não garante a melhoria das condições clínicas das pessoas. Em função disso, é necessário promover o uso racional de medicamentos (URM).

De acordo com a Organização Mundial de Saúde[14], o URM significa que os pacientes devem receber a medicação adequada às suas necessidades clínicas, nas doses correspondentes com base em seus requisitos individuais, durante um período de tempo adequado e ao menor custo possível para eles e para a comunidade.

4.11.1 Fornecimento de medicamentos não padronizados pelo SUS

O fornecimento de medicamentos não padronizados depende, em regra, do ajuizamento de ação judicial. Para tal, no julgamento do Resp nº 1.657.156, em julgamento repetitivo (Tema 106), o Superior Tribunal de Justiça definiu requisitos indispensáveis para a análise acerca da procedência das ações que visem ao recebimento de medicamentos sem fornecimento administrativo, quais sejam:

- A existência de registro junto à ANVISA;

- Estar comprovada a ineficácia, no caso concreto do(a) paciente, das alternativas terapêuticas disponibilizadas no SUS para o tratamento em questão;

---

[14] Organización Mundial de la Salud. Promoción del uso racional de medicamentos: componentes centrales. Perspectivas políticas sobre medicamentos de la OMS, 2002. Disponível em http://apps.who.int/medicinedocs/pdf/s4874s/s4874s.pdf

ORGANIZAÇÃO DA SAÚDE PÚBLICA   41

- A demonstração, mediante relatório médico circunstanciado, da necessidade da utilização do medicamento pleiteado judicialmente, bem como daquilo que segue informado no requisito anterior;

- A incapacidade econômica da pessoa necessitada em adquirir por seus próprios recursos o(s) medicamento(s) que pretende receber pela via judicial.

É sempre mais indicado que se busque, prioritariamente, as soluções por meio de alternativas terapêuticas disponíveis no SUS, antes de procurar o fornecimento de um medicamento pela via judicial.

4.11.2 Registro de medicamentos na Agência Nacional de Vigilância Sanitária (ANVISA)

Para um medicamento ingressar no mercado brasileiro é preciso que seja autorizado pela ANVISA. O processo começa com a apresentação de um pedido de registro feito pelo laboratório produtor. Após, a ANVISA vai analisar os estudos apresentados para decidir se o produto pode estar no mercado. Então, se um medicamento não está no mercado brasileiro, pode se encaixar nas seguintes situações[15]:

- O produto não comprovou eficácia e segurança e, por isso, o pedido foi indeferido;

- Nenhum pedido de registro foi apresentado à ANVISA;

---

[15] http://portal.anvisa.gov.br/documents/219201/2782895/Registro+de+Medicamentos/7ff22508-5bab-49a4-b689-a45521fc3bf5

- A substância faz parte de uma lista de produtos banidos por falta de segurança ou proibição legal (exemplos: anfetamínicos, LSD etc.);

- O medicamento ainda está em análise na ANVISA.

Mesmo depois de registrados, é possível ocorrer a revisão do perfil de segurança dos medicamentos, o que pode gerar mudanças em sua indicação ou até mesmo sua retirada do mercado (é uma atividade dinâmica relacionada ao conhecimento científico).

4.11.3 Medicamentos Referência, Similar e Genérico[16]

A Política de Medicamentos Genéricos no Brasil (1999) foi implantada com os objetivos de melhorar a qualidade e o acesso da população ao tratamento medicamentoso. Iniciou-se, com isso, uma discussão de conceitos nunca antes utilizados para o registro de medicamentos no País, tais como: medicamentos genéricos, similares, referência e outros.

---

[16] http://portal.anvisa.gov.br/resultado-de-busca?p_p_id=101&p_p_lifecycle=0&p_p_state=maximized&p_p_mode=view&p_p_col_id=column-1&p_p_col_count=1&_101_struts_action=%2Fasset_publisher%2Fview_content&_101_assetEntryId=2662139&_101_type=content&_101_groupId=219201&_101_urlTitle=saiba-a-diferenca-entre-medicamentos-de-referencia-similares-e-genericos&inheritRedirect=true

STORPIRTIS, S., *et al..* A equivalência farmacêutica no contexto da intercambialidade entre medicamentos genéricos e de referência: bases técnicas e científicas. *Infarma*, Brasília, v. 16, n. 9-10, p.51-56, 2004.

Araújo, L.U., Albuquerque, K.T, Kato, K.C., Silveira, G.S, Maciel, N.R., Spósito, P.A., *et al.* Medicamentos Genéricos no Brasil: panorama histórico e legislação. *Rev. Panam. Salud. Publica*, v. 28, n. 6, p. 480–92, 2010.

ORGANIZAÇÃO DA SAÚDE PÚBLICA

Medicamento de Referência é o inovador registrado na ANVISA e comercializado no País, cuja eficácia, segurança e qualidade foram comprovadas, por ocasião do registro. A eficácia e a segurança do medicamento de referência são comprovadas por estudos clínicos.

Medicamento Genérico é aquele que contém o mesmo princípio ativo, na mesma concentração, forma farmacêutica, via de administração, posologia e com a mesma indicação terapêutica do medicamento de referência. O genérico já é intercambiável pela norma vigente.

Medicamento Similar contém o mesmo ou os mesmos princípios ativos, apresenta mesma concentração, forma farmacêutica, via de administração, posologia e indicação terapêutica. Também passou a comprovar a equivalência com o medicamento de referência registrado na ANVISA.

Para ser substituível o medicamento deve apresentar um dos testes descritos a seguir:

- bioequivalência (no caso dos genéricos);
- biodisponibilidade (no caso dos similares);
- bioisenção, quando não se aplicam a nenhum dos dois casos anteriores.

A ANVISA adotou o termo biodisponibilidade relativa para diferenciar os similares já existentes dos genéricos intercambiáveis. O objetivo das análises é comprovar a equivalência dos produtos. A equivalência farmacêutica é comprovada por ensaios *in vitro* e a bioequivalência comprovada por ensaios *in vivo*. Assim, há um padrão legal, inclusive com a criação de regulamentações técnicas, para o registro de medicamentos no País. A intercambialidade é prevista para o genérico bioequivalente ao medicamento de referência, exigindo-se, ainda, sua comercialização com o nome genérico, de acordo com a Denominação Comum Brasileira - DCB ou, na sua falta, com a Denominação Comum Internacional - DCI. Medicamento similar que passar no teste de biodisponibilidade relativa poderá ser considerado bioequivalente ao respectivo medicamento de referência. Porém, não será considerado intercambiável, como o genérico, por questões legais.

Já a bioisenção pode ser definida quando um ensaio *in vitro* adequado pode substituir o estudo *in vivo*. Nas soluções aquosas injetáveis administradas por via intravascular (I.V.), por exemplo, toda a dose é administrada diretamente na circulação, o que implica considerar 100% de biodisponibilidade. Logo, para um genérico desse tipo a comprovação da equivalência farmacêutica e das Boas Práticas de Fabricação são suficientes para garantir a intercambialidade com o medicamento de referência.

Além do Brasil, na Europa e nos Estados Unidos a política de incentivo ao registro e ao uso de genéricos tem-se mostrado eficaz na regulação do preço dos medicamentos, favorecendo o direito de escolha. Com relação à prescrição e à dispensação de medicamentos no SUS, conforme a Lei nº 9787/1999, o prescritor deverá adotar obrigatoriamente a DCB ou, na sua falta, a DCI. Um farmacêutico pode substituir o medicamento de referência prescrito pelo genérico correspondente, desde que o prescritor não tenha restringido a intercambialidade. Embora outros países tenham sido pioneiros na implantação dos genéricos, as regulamentações brasileiras são equiparáveis às de agências internacionais, como a Organização Mundial de Saúde (OMS), a Food and Drug Administration (FDA), European Medicines Agency (EMA) e Health Canada.

4.11.4 Uso "Off Label" de medicamentos

De acordo com a ANVISA, o uso "off label" é definido como a indicação do medicamento de maneira distinta daquela autorizada pelo órgão regulatório de medicamentos em um país. O medicamento é utilizado para uma indicação terapêutica não descrita no rótulo ou bula, podendo também estar relacionado ao uso em uma faixa etária diferente da que consta nesta, além de outra via de administração, dose e frequência de uso.[17] Em geral, acontece quando ainda não existem bases científicas adequadas. Todavia, importante lembrar que pode haver revisão dessas indicações, decorrente da dinâmica relacionada ao conhecimento científico.

Os Protocolos Clínicos e Diretrizes Terapêuticas, que abrangem os medicamentos que devem ser padronizados no SUS, têm como uma de suas bases a completa regularidade sanitária do produto, estando incluída a indicação aprovada pela ANVISA (órgão regulatório) para os fins a que se deseja.

De acordo as informações contidas no portal da Agência Nacional de Vigilância Sanitária (http://portal.anvisa.gov.br), quando um medicamento é aprovado para uma determinada indicação, não é correto concluir que esta seja a única possível, eis que outras podem estar sendo, ou vir a ser, estudadas; e,

---

[17] http://serv-bib.fcfar.unesp.br/seer/index.php/Cien_Farm/article/view/1214/1105

uma vez submetidas à ANVISA, quando finalizados os estudos, poderão ser aprovados para a devida inclusão na sua bula.

Lado outro, uma vez comercializada a droga, enquanto as novas indicações não são aprovadas (seja porque as evidências para tal ainda não estão completas, ou porque a agência reguladora ainda as está avaliando), é possível que um médico já queira prescrever o medicamento para um de seus pacientes. Nesta hipótese de uso "off label" é importante consignar que a prescrição é feita por conta e risco do médico e, embora às vezes possa configurar uso essencialmente correto, apenas ainda não aprovado, a escolha eventualmente pode se amoldar à prática de erro médico.

Portanto, em que pese a importância de considerar o medicamento dentro do contexto da medicina baseada em evidência, não há vedação legal à prescrição de medicamento registrado na ANVISA para indicação diversa daquela para a qual foi aprovada. Este é entendimento do Conselho Federal de Medicina (Parecer CFM nº 2/16) e, também, possível de ser extraído pelos recentes julgados do Superior Tribunal de Justiça (REsp 1729566 / SP, AREsp nº 1434360 / RS e AREsp nº 1408829 / SP).

4.11.5 Prescrição e medicamentos

Receitas poderão ser aviadas quando prescritas por profissional devidamente habilitado. Em geral, prescrições de medicamentos para humanos são feitas por médicos, mas em alguns casos podem ser feitas por outros profissionais da saúde, como pelos dentistas. A prescrição é um documento importante para o tratamento do usuário e não deve ser negligenciada. Ela deve seguir legislação específica, como a Portaria n.º 344, de 12 de

ORGANIZAÇÃO DA SAÚDE PÚBLICA

maio de 1998, sobre substâncias e medicamentos sujeitos a controle especial, e a Resolução da Diretoria Colegiada – RDC nº 20, sobre antimicrobianos.

No âmbito do SUS, as prescrições pelo profissional responsável adotarão, obrigatòriamente, a DCB, ou, na sua falta, a DCI[18], o que significa dizer que a prescrição não deve ocorrer pela marca, conforme esclarecido no item 4.11.3.

Para o bom funcionamento do sistema, é necessário que a prescrição para fins de dispensação de medicamento pelo SUS obedeça aos requisitos do art. 28 do Decreto 7.508/11, quais sejam, paciente incluído na rede de serviço assistido pelo SUS, prescrição por profissional do SUS e observância da RENAME e dos PCDT.

4.12 Política Nacional de Oncologia

O funcionamento da assistência oncológica é regido por uma sistemática própria, com fornecimento dos fármacos pelos Centros de Alta Complexidade em Oncologia – CACONs e pelas Unidades de Assistência de Alta Complexidade em Oncologia – UNACONs. Portanto, os fármacos para o tratamento de neoplasias, ou seja, tumores, não ficam submetidos às regras dos medicamentos básicos, estratégicos ou experimentais, ou àqueles incluídos na RENAME.

---

[18] BRASIL. **RESOLUÇÃO - RDC Nº 51, DE 15 DE AGOSTO DE 2007:** Altera o item 2.3, VI, do Anexo I, da Resolução RDC nº 16, de 2 de março de 2007 e o Anexo da Resolução RDC nº 17, de 2 de março de 2007. 2007. Disponível em: <http://bvsms.saude.gov.br/bvs/saudelegis/anvisa/2007/rdc0051_15_08_2007.html>.

Diferentemente dos demais medicamentos tratados que, em regra, estão regulados na RENAME, quando se busca fármacos/insumos peculiares para tratamento do câncer, é importante saber que os tratamentos oncológicos possuem protocolos clínicos específicos.

O tratamento oncológico pelo SUS está regulado em ato normativo secundário (hoje, na Portaria MS n° 140/2014), cujos procedimentos são realizados pelos CACONs e UNACONs, que são credenciados pelos Municípios e Estados e habilitados pelo Ministério da Saúde, sendo a União o ente político competente para liberar a remuneração dos serviços prestados, depois do devido atesto pelo Município do local do tratamento.

Os CACONs e UNACONs, que realizam tratamentos oncológicos pelo SUS, devem fornecer todos os produtos, serviços e medicamentos, o que extrapola, em muito, a simples assistência farmacêutica, para, ao final, objetivar a integralidade do tratamento. Os hospitais ou clínicas credenciadas pelo SUS, habilitados em oncologia e obrigatoriamente vinculados aos protocolos terapêuticos e às diretrizes do SUS, são os responsáveis pelo fornecimento de medicamentos oncológicos que eles livremente padronizam, adquirem e fornecem, sendo atribuição dos hospitais também codificar e registrar conforme o respectivo procedimento[19].

---

[19] GADELHA, Maria Inez Pordeus Gadelha. MEDICAMENTOS EM ONCOLOGIA. In: GEBRAN NETO, João Pedro; SCHULMAN, Gabriel AVANZA, Clenir. S. (Org.). Direito da Saúde em perspectiva: judicialização, gestão e acesso. V 2. Vitória: Abrages, 2017. pp.: 247-262.

ORGANIZAÇÃO DA SAÚDE PÚBLICA

Verifica-se que a indicação de uso de um medicamento antineoplásico é de competência do médico assistente do doente, conforme protocolos de tratamento respaldados em evidências científicas e adotados na instituição onde este médico atua (UNACON ou CACON), sempre sobre a atenção de que o tratamento escolhido dependerá de fatores específicos de cada quadro clínico.

Os CACONs/UNACONs são ressarcidos por meio de Autorização para Internação Hospitalar – AIH[20], ou pelas Autorizações de Procedimentos de Alto Custo – APAC/ONCO, cujo detalhamento está na Portaria do Secretário de Atenção à Saúde n.º 346, de 23 de junho de 2008. Assim, a assistência oncológica integral é custeada por meio de Autorização de Internação Hospitalar - AIH para os tratamentos cirúrgicos, de transplantes e iodoterápicos e por meio de Autorização para Procedimento de Alta Complexidade – APAC, para os tratamentos que necessitem de radioterapia e quimioterapia, majoritariamente, conforme procedimentos tabelados.

Diante da sistemática que orienta a política nacional de atenção oncológica, exige-se que os pacientes que pretendem tratamento e o recebimento de medicamentos, por meio do sistema público de saúde, recorram a um dos estabelecimentos de saúde habilitados como CACON/UNACON.

A porta de entrada dos usuários para atendimento em oncologia varia de Município para Município. Normalmente, os municípios "maiores" estabelecem uma Comissão Municipal

---

[20] http://bvsms.saude.gov.br/bvs/saudelegis/sas/2008/prt0346_23_06_2008.html

de Oncologia – CMO, que cadastra o interessado e o encaminha para um dos CACONs/UNACONs, coordenando o fluxo de pacientes e disponibilidade nos hospitais.

Em outros locais, o paciente é inicialmente atendido na rede básica de saúde ou hospitalar geral e, após o diagnóstico de câncer, encaminhado para o Centro de Oncologia mais próximo de sua residência, que atenda ao tipo específico de neoplasia.

No modelo adotado pelos Municípios maiores, uma vez realizado o cadastro e a inclusão na CMO, o paciente será encaminhado para um CACON ou UNACON, almejando o tratamento integral.

Por força do art. 2º da Lei nº 12.732/2012, o paciente com neoplasia maligna tem direito de se submeter ao primeiro tratamento no SUS, no prazo máximo de até 60 (sessenta) dias, contados a partir do dia em que for firmado o diagnóstico em laudo patológico.

Já em ambiente hospitalar, do diagnóstico ao tratamento, incluindo os medicamentos necessários pelos quais são ressarcidos dentro dos valores tabelados, eventualmente pode ocorrer a indicação de determinado fármaco ou tratamento pelo corpo clínico não passível de compra dentro do procedimento (tratamento maior que o valor da APAC).

Diante da não oferta do fármaco ou insumo específico durante o tratamento oncológico, o mero receituário médico, acrescido de relatório detalhado emitido pelo médico responsável pelo paciente, já se mostra suficiente para comprovar a negativa estatal.

No Estado de Minas Gerais, por exemplo, não há razão para o encaminhamento do paciente à Secretaria de Estado de Saúde para obtenção de negativa formal padronizada (Nota de Esclarecimento do Componente Especializado da Assistência Farmacêutica), haja vista que a peculiaridade do sistema oncológico obrigatoriamente incorrerá em negativa pelo segundo item do formulário padrão da Secretaria Estadual de Saúde, qual seja, a indicação de ausência de atribuição administrativa por ser tratamento de neoplasia.

Portanto, o conhecimento prévio do modelo de funcionamento da política oncológica, a ciência da indispensável demonstração de que o paciente já realiza o tratamento no(a) CACON/UNACON, bem como a forma peculiar de instrução do pedido são requisitos relevantes para instauração de demanda em que se deduz pretensão de recebimento de medicamentos oncológicos ou tratamentos peculiares não disponibilizados administrativamente dentro do estabelecimento hospitalar habilitado.

4.13 Política de Saúde Mental

A Lei Federal nº 10.216, de 6 de abril de 2001, é o principal ato normativo que dispõe sobre a proteção e os direitos das pessoas portadoras de transtornos mentais e redireciona o modelo assistencial em saúde mental.

O parágrafo único do art. 6º da Lei 10.216/2001 distingue de forma clara a internação voluntária, involuntária e compulsória.

> I - internação voluntária: aquela que se dá com o consentimento do usuário;

II - internação involuntária: aquela que se dá sem o consentimento do usuário e a pedido de terceiro; e

III - internação compulsória: aquela determinada pela Justiça.

A Portaria GM nº 1077, de 24 de agosto de 1999, implanta programa para a aquisição de medicamentos essenciais para a área de saúde mental, financiado pelos gestores estaduais e federal do SUS, condicionando a alocação de recursos federais à contrapartida devida pelos Estados e Distrito Federal.

A Portaria GM nº 2841, de 20 de setembro de 2010, institui, no âmbito do Sistema Único de Saúde – SUS, o Centro de Atenção Psicossocial de Álcool e outras Drogas 24 horas - CAPSAd III.

A Organização Pan-Americana da Saúde – OPAS defende o avanço da desinstitucionalização dos pacientes, a redução dos leitos em hospitais psiquiátricos e a substituição dessas instituições por novos dispositivos dentro da comunidade. Isso não significa defender a OPAS, que em alguns casos deixará de preconizar o tratamento para internação.

Constitui responsabilidade do Gestor SUS municipal o atendimento ambulatorial em saúde mental, mediante constituição de Equipe Técnica em Saúde Mental, para atuação nas Unidades Básicas de Saúde, dotadas de profissionais especializados (médico psiquiatra, psicólogo e assistente social), de forma que referida equipe possa se responsabilizar como porta de entrada das demandas em saúde mental.

O CAPS - Centro de Atenção Psicossocial passou a ser o eixo da articulação da rede, com responsabilidade para regular a assistência de seu território, garantindo o acesso e a integralidade da oferta, bem como a capacitação das equipes da atenção básica, os serviços e os programas de saúde ao seu redor.

A internação psiquiátrica (involuntária ou compulsória) é exceção legal, devendo ser indicada somente quando os recursos extra-hospitalares se mostrarem insuficientes, uma vez que o tratamento possui como finalidade permanente a reinserção social do paciente em seu meio.

No âmbito do Estado de Minas Gerais, a Lei nº 11.802, de 18 de janeiro de 1995, alterada pela Lei nº 12.684, de 1997, impõe ao Poder Público (estadual e municipal) a garantia e implementação da prevenção, o tratamento, a reabilitação e a inserção social plena de pessoas portadoras de sofrimento mental, sem discriminação de qualquer tipo que impeça ou dificulte o usufruto desses direitos.

Segundo essa legislação mineira, no seu artigo 9º, inexistindo serviço psiquiátrico na localidade onde foi atendido, o paciente será encaminhado pelo médico responsável pelo atendimento para o centro de referência de saúde mental ou para o serviço de urgência psiquiátrica mais próximo, às expensas do Sistema Único de Saúde (SUS).

5
SAÚDE SUPLEMENTAR

5.1 Aspectos preliminares sobre a Saúde Suplementar

A saúde suplementar, representada pela assistência privada, está contemplada no art. 199 da Constituição Federal, regulamentada pela Lei nº 9.656/98 e se sujeita à regulação da Agência Nacional de Saúde Suplementar – ANS por meio da criação de normas, realização de controle e fiscalização da atividade das operadoras de planos de saúde, visando assegurar o **interesse público**.

As demandas judicializadas na saúde suplementar têm grande variação e peculiaridades, considerando a natureza jurídica das operadoras, que podem ser classificadas como cooperativas, autogestão, medicina de grupo ou filantropia. Também existem as particularidades relativas às diferentes modalidades de contratação, bem como a variação de idade do beneficiário entre outros fatores.

A seguir, serão destacadas algumas temáticas de maior incidência considerando-se a legislação vigente.

5.1.1 Agência Reguladora:
Agência Nacional de Saúde Suplementar - ANS

A Lei 9.961/2000 instituiu a Agência Nacional de Saúde Suplementar – ANS, que é uma autarquia federal vinculada ao Ministério da Saúde.

As operadoras de planos de saúde do Brasil estão subordinadas à referida Agência que possui as seguintes competências:

- Definir políticas e diretrizes para regulação do setor de saúde suplementar;
- Regular as operadoras e as suas relações com consumidores e prestadores da rede;
- Autorizar registro e funcionamento de operadoras, registro de planos, fiscalização e aplicação de penalidades, etc;
- Instituir diretrizes e elaborar o Rol de Procedimentos;
- Publicar normas e regulação, instituir uma Agenda Regulatória;
- Determinar alienação de carteiras e liquidação de operadora;
- Autorizar reajustes, dentre outras competências.

5.1.2 Lei 9.656/98 e algumas definições

A partir da publicação desta legislação tem-se que:

- Houve a regulamentação da saúde suplementar e da relação entre operadora e contratantes dos planos;

- Definiu-se o que é uma operadora: sociedade civil ou comercial, que opera plano de saúde nas seguintes modalidades:

administradora; cooperativa médica; cooperativa odontológica; autogestão; medicina de grupo; odontologia de grupo; ou filantropia (RDC 39)21;

- Definiu-se que, subsidiariamente, aplica-se aos planos de saúde a Lei 8.078/1990 (CDC), bem como instituiu-se o rol de procedimentos e eventos em saúde[21].

5.1.3 Rol de procedimentos e eventos em saúde da ANS

O rol de procedimentos e eventos em saúde, referência básica para os fins do disposto na Lei nº 9.656, de 1998, é definido pela ANS (Lei nº 9.961/2000, art. 4º, inciso III).

A ANS, desde sua criação, edita atos normativos que atualizam o Rol em questão, cujas diretrizes são estabelecidas por resoluções normativas. Atualmente, está em vigor o rol de procedimentos mínimos previsto na Resolução Normativa RN/ANS nº 428, de 07 de novembro de 2017.

O rol de procedimentos da ANS contempla os procedimentos considerados indispensáveis ao diagnóstico, tratamento e acompanhamento de doenças e eventos em saúde, em cumprimento ao disposto na Lei nº 9.656, de 1998. São coberturas mínimas obrigatórias a serem asseguradas pelos chamados "planos novos" (planos privados de assistência à saúde comercializados a partir de 2/1/1999), e pelos "planos antigos

---

[21] Em relação ao tema, cumpre salientar que o Superior Tribunal de Justiça promoveu o cancelamento da Súmula nº 469, aprovando, por outro giro, a Súmula nº 608, que consolida o entendimento ali firmado sobre a aplicação do CDC aos contratos de plano de saúde, salvo os administrados por entidades de autogestão

adaptados" (planos adquiridos antes de 2/1/1999, mas que foram ajustados aos regramentos legais, conforme o art. 35, da Lei nº 9.656, de 1998), respeitando-se, em todos os casos, as segmentações assistenciais contratadas.

Na saúde suplementar, a incorporação de novas tecnologias em saúde, bem como a definição de diretrizes para sua utilização são definidas pela ANS por meio dos sucessivos ciclos de atualização do rol de procedimentos e eventos em saúde, que ocorrem a cada dois anos.

A análise das propostas de atualização é respaldada por estudos realizados por técnicos da ANS ou por entidades públicas ou privadas, valendo-se de acordos de cooperação técnica. Também são levadas em consideração as tecnologias avaliadas e recomendadas pela Conitec, a observância dos princípios de Avaliação de Tecnologias em Saúde – ATS e de saúde baseada em evidência, e a manutenção do equilíbrio econômico-financeiro do setor.[22]

Em síntese, o rol é composto por 4 anexos:

> Anexo I: contém a lista completa dos procedimentos que devem ser cobertos pelos planos de saúde;
>
> Anexo II: contém as Diretrizes de Utilização – DUT que são regras e normas elaboradas pela Agência Nacional de Saúde que servem para orientação e regulamentação do uso adequado de procedimentos médicos e exames complementares. Elas são descritas e baseadas em

---

[22] Disponível em http://www.ans.gov.br/aans/noticias-ans/sociedade/4831-rol-de-procedimentos-ans-recebe-contribuicoes-a-partir-desta-segunda-feira. Acesso em 19/03/2019.

estudos médicos com a finalidade de utilização das novas tecnologias ou exames que realmente possam trazer benefícios para o paciente ou que auxiliem os médicos no diagnóstico de doenças;

Anexo III: contém as Diretrizes Clínicas, que têm objetivo de definir condutas consideradas mais adequadas para diagnóstico, tratamento e prevenção, através da integração da evidência científica com a experiência clínica e melhorar a qualidade dos cuidados à saúde de pacientes;

Anexo IV: trata dos Protocolos de Utilização.

5.1.4 Modalidades das operadoras de planos de saúde

As operadoras de planos de saúde podem ser classificadas de acordo com as seguintes modalidades[23]:

- Administradora[24];

- Cooperativa médica (constituídas conforme disposto na Lei nº 5.764, de 1971);

- Cooperativa odontológica (constituídas conforme disposto na Lei nº 5.764, de 1971);

- autogestão (a pessoa jurídica de direito privado que, por intermédio de seu departamento de recursos humanos ou órgão assemelhado, opera plano privado de

---

[23] ANS.Resolução de Diretoria Colegiada – RDC Nº 39, de 27 de outubro de 2000.

[24] Para administradora de benefícios ver Resolução Normativa - RN Nº 196, DE 14 DE JULHO DE 2009 (ANS)

assistência à saúde exclusivamente aos beneficiários previstos no art. 2º da RN 137/2006[25]);

- medicina de grupo;
- odontologia de grupo; ou
- filantropia (entidades sem fins lucrativos que operam Planos Privados de Assistência à Saúde e tenham obtido o certificado de entidade beneficente de assistência social emitido pelo Ministério competente, etc[26]).

5.1.5 Consulta ao cadastro do beneficiário

Para que seja possível conferir se a pessoa é um beneficiário de algum plano de saúde, se está ativo e a qual operadora está vinculada, a ANS tem em seu site um espaço para consulta. Basta acessar o "site" da ANS pelo caminho indicado abaixo:

- Principal / Planos e Operadoras / Espaço do Consumidor / Dados Cadastrais do Consumidor COMPROVA / Comprovante de dados cadastrais do consumidor.

Então, deve-se selecionar a opção "*caso você deseje emitir um comprovante, por favor, clique aqui*" e inserir os dados "nome, CPF e data de nascimento".[27]

---

[25] ANS.Resolução Normativa – RN Nº 137, de 14 de novembro de 2006.

[26] ANS.Resolução de Diretoria Colegiada – RDC Nº 39, de 27 de outubro de 2000. Artigo 17.

[27] Disponível em http://www.ans.gov.br/planos-de-saude-e-operadoras/espaco-do-consumidor/dados-cadastrais-do-consumidor/comprova-comprovante-de-dados-cadastrais-do-consumidor. Acesso em 28/03/2019.

SAÚDE SUPLEMENTAR   61

Eventualmente não sendo possível consultar por este caminho, pode-se utilizar o acesso ao "site" da ANS, conforme abaixo:

• Principal / Planos e Operadoras / Contratação e troca de plano

Acessando a opção *"Portabilidade de Carências"* aparecerá um campo para inserção dos dados "CPF e data de nascimento" e será possível consultar o nome da operadora, nome do plano e seu respectivo registro e o vínculo existente com o beneficiário[28].

5.1.6 Junta médica ou odontológica para dirimir divergência técnico-assistencial

Para os procedimentos ou eventos em saúde cobertos pelas operadoras e que houver divergência entre a indicação do profissional de saúde assistente e a avaliação técnico-assistencial da operadora de planos de saúde, nos termos da legislação vigente – atualmente a Resolução Normativa RN nº 424, de 26/06/17 –, deverá ser instaurada junta médica para resolver a divergência.

Segundo o disposto na referenciada RN, não se admite a realização de junta médica nos casos de urgência e emergência, em procedimentos fora do Rol da ANS ou sem previsão contratual, bem como para os casos de indicação de OPME ou medicamento sem registro na ANVISA ou "off label", neste

---

[28] Disponível em http://www.ans.gov.br/planos-de-saude-e-operadoras/contratacao-e-troca-de-plano/guia-ans-de-planos-de-saude. Acesso em 28/03/2019.

caso observadas as exceções dispostas alíneas do inciso IV do art. 3º da RN 424.

A composição da junta médica ou odontológica será formada por três profissionais: o assistente, o da operadora e o desempatador, podendo este ser escolha de comum acordo entre os dois primeiros profissionais. O parecer do desempatador será acolhido para fins de cobertura.

Por fim, outras questões e procedimentos relacionados à junta médica deverão seguir os critérios dispostos na RN nº 424/17.

5.1.7 Saúde complementar - diferenciação

O sistema de saúde no brasileiro, conforme abordado no item 2 deste material, divide-se entre a saúde pública e a saúde suplementar.

O art. 199 da Constituição Federal assegura a assistência à saúde para a iniciativa privada, conforme regulação prevista na Lei nº 9.656/98. Consiste no exercício de atividade privada prestada através das operadoras de saúde, constituídas por empresas particulares, cooperativas ou pessoas jurídicas constituídas como sendo operadas de autogestão, formadas por determinada categoria profissional ou agrupamento de pessoas identificadas que criam uma operadora de saúde para aquela categoria. Essas operadoras privadas, reguladas pela referida Lei 9.656, sujeitam-se ao contrato firmado com seus beneficiários e ainda se submetem à regulação, controle e fiscalização da Agência Nacional de Saúde Suplementar – ANS, criada pela Lei nº 9.961/2000.

Os serviços de saúde pública podem ser prestados diretamente pelo Estado (União, Estados, Distrito Federal e Municípios), ou através de instituições privadas com a função de complementar o sistema único de saúde (CF, art. 199, § 1º), constituindo a denominada saúde complementar.

Portanto, diferencia-se a saúde suplementar da saúde complementar do seguinte modo:

> **Saúde suplementar** consiste na prestação de serviços privados de saúde que pode ser própria ou através de pessoas físicas ou jurídicas parceiras credenciadas.
>
> **Saúde complementar** representa a prestação de serviço público de saúde através de instituições privadas mediante contrato de direito público ou convênio.

5.2 Canais de atendimento ao consumidor

Para atender as necessidades dos consumidores ou beneficiários da saúde suplementar a ANS criou algumas regras que devem ser observadas pelas operadoras de saúde.

5.2.1 Atendimento aos segurados por meio da ANS

A ANS publicou uma resolução[29] específica para tratar sobre as regras a serem observadas pelas operadoras, no atendimento às solicitações de procedimentos e/ou serviços de cobertura assistencial apresentados pelos beneficiários, em

---

[29] ANS. Resolução RN395/2016. Dispõe sobre as regras a serem observadas pelas Operadoras de Planos Privados de Assistência à Saúde nas solicitações de procedimentos e/ou serviços de cobertura assistencial apresentados pelos beneficiários, em qualquer modalidade de contratação

qualquer modalidade de contratação, sendo que a oferta deste atendimento deve ser:

- operadoras de grande porte: devem assegurar atendimento 24 horas, sete dias por semana, e

- operadoras de pequeno e médio porte, nas exclusivamente odontológicas e nas filantrópicas: nos dias úteis e em horário comercial (conforme particularidades regionais), exceto para os casos envolvendo garantia de acesso a coberturas de serviços e procedimentos de urgência e emergência, nos quais deverá haver oferta de canal telefônico para orientação por 24 horas, sete dias da semana.

Para prestarem o atendimento, as operadoras deverão colocar à disposição e divulgar, de forma clara e ostensiva, os seguintes canais:

a) Atendimento PRESENCIAL, indicando os endereços disponíveis para atendimento ao beneficiário; e

b) Atendimento TELEFÔNICO, contendo número da respectiva central de atendimento.

A oferta de atendimento via Internet é facultativa.

Para buscar o atendimento diretamente na Agência Reguladora, o consumidor pode acessar o site da ANS: http://www.ans. gov.br/planos-de-saude-e-operadoras/espaco-do-consumidor/ central-de-atendimento-ao-consumidor.

5.2.1.1 Prazos máximos de atendimento e prazo de resposta às solicitações

Prazos máximos de atendimento ao beneficiário (RN 259/2011)[30]

A operadora deverá garantir o atendimento integral das coberturas referidas no art. 2º da RN 259/2011 nos seguintes prazos:

- consulta básica: pediatria, clínica médica, cirurgia geral, ginecologia e obstetrícia: em até 7 (sete) dias úteis;
- consulta nas demais especialidades médicas: em até 14 (quatorze) dias úteis;
- consulta/sessão com fonoaudiólogo: em até 10 (dez) dias úteis;
- consulta/sessão com nutricionista: em até 10 (dez) dias úteis;
- consulta/sessão com psicólogo: em até 10 (dez) dias úteis;
- consulta/sessão com terapeuta ocupacional: em até 10 (dez) dias úteis;
- consulta/sessão com fisioterapeuta: em até 10 (dez) dias úteis;
- consulta e procedimentos realizados em consultório/clínica com cirurgião-dentista: em até 7 (sete) dias úteis;
- serviços de diagnóstico por laboratório de análises clínicas em regime ambulatorial: em até 3 (três) dias úteis;

---

[30] ANS. Resolução Normativa RN 259/2011. Dispõe sobre a garantia de atendimento dos beneficiários de plano privado de assistência à saúde e altera a Instrução Normativa – IN nº 23, de 1º de dezembro de 2009, da Diretoria de Normas e Habilitação dos Produtos – DIPRO

- demais serviços de diagnóstico e terapia em regime ambulatorial: em até 10 (dez) dias úteis;
- procedimentos de alta complexidade - PAC: em até 21 (vinte e um) dias úteis;
- atendimento em regime de hospital-dia: em até 10 (dez) dias úteis;
- atendimento em regime de internação eletiva: em até 21 (vinte e um) dias úteis; e
- urgência e emergência: imediato.

5.2.1.2 Prazos para resposta às solicitações dos beneficiários (RN 395/2016)

Existem prazos para responder às reclamações formuladas pelos segurados.

Resposta à solicitação do beneficiário:

- Prazo de 05 dias úteis: nos casos em que não seja possível fornecer resposta imediata à solicitação de procedimento.
- Solicitação de procedimentos em que os prazos máximos para garantia de atendimento sejam inferiores ao prazo de 05 dias úteis a resposta ao beneficiário deverá se dar dentro do prazo da RN n° 259/2011.

Destaca-se, por fim, na RN 395/2016[31]:

> Art. 10. Havendo negativa de autorização para realização do procedimento e/ou serviço solicitado por profissional de saúde devidamente habilitado, seja ele credenciado ou não, a operadora deverá informar ao

---

[31] ANS. Resolução Normativa RN n° 395, de 2016.

beneficiário detalhadamente, em linguagem clara e adequada, o motivo da negativa de autorização do procedimento, indicando a cláusula contratual ou o dispositivo legal que a justifique.

§ 1º O beneficiário, sem qualquer ônus, poderá requerer que as informações prestadas na forma do caput sejam reduzidas a termo e lhe encaminhadas por correspondência ou meio eletrônico, no prazo máximo de 24 (vinte e quatro) horas.

5.2.2 Procedimentos fiscalizatórios adotados pela ANS

Segundo a Resolução Normativa RN nº 388, de 2015, a ANS poderá adotar meios para realização de suas ações fiscalizatórias sendo que, na fase pré-processual, a Agência pode instaurar a Notificação de Intermediação Preliminar ou procedimento administrativo preparatório.

5.2.2.1 Notificação de Intermediação Preliminar (NIP)

A Agência Reguladora possui uma forma extrajudicial para solucionar conflitos denominada Notificação de Intermediação Preliminar – NIP, que consiste em instrumento de mediação que visa à solução consensual de divergência existente entre operadoras e beneficiários de planos de saúde. Constitui-se por uma fase pré-processual por meio da qual o usuário cadastra sua demanda através dos canais de atendimento da ANS, a operadora é notificada, por meio eletrônico, e tem até dez dias úteis para adotar as medidas necessárias à solução do problema.[32]

---

[32] Disponível em http://www.ans.gov.br/aans/noticias-ans/consumidor/3827-a-nip-esta-mais-proxima-do-consumidor Acesso em 20/03/2019.

A **NIP** é classificada em **assistencial**, que tem por referência toda e qualquer restrição de acesso à cobertura de tratamento, procedimentos, ou seja, assistência à saúde, e a **NIP não assistencial** que abarca outros temas como, por exemplo, questões de reajuste, cancelamento de contrato, entre outros.

Por meio do "site" da ANS, pessoalmente ou pelo telefone, o usuário apresenta sua reclamação, gerando uma notificação automática à operadora de planos de saúde e esta tem o prazo de 10 (dez) dias úteis para elaborar a resposta à questão que lhe fora apresentada e o consumidor será notificado.

Segundo a ANS[33] este é o fluxo geral:

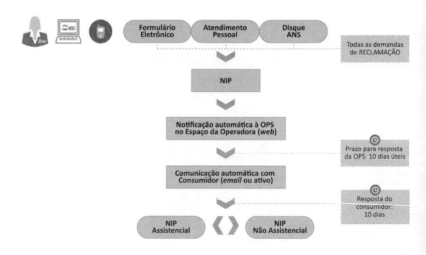

---

[33] Disponível em http://www.ans.gov.br/images/stories/noticias/pdf/APRE-
-SENTA%C3%87%C3%83O_DIFIS_-_NIP.pdf Acesso em 20/03/2019.

E, assim, também segundo a Agência Reguladora, a segunda parte do fluxo assistencial e não assistencial:

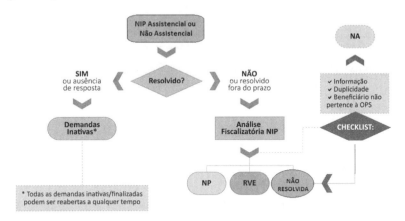

Em síntese, diante de uma NIP a operadora poderá realizar a reparação voluntária e eficaz (RVE) em 05 (cinco) dias, atendendo a demanda do beneficiário, informando à ANS sobre tal ação ou, caso não entenda por tal atendimento, realizar sua defesa.

5.2.2.2 Procedimento Administrativo Preparatório

Nesta fase a ANS realizará sua ação fiscalizatória e, se houver indícios suficientes de violação da lei ou de ato infra legal, bem como que não se enquadrem no procedimento da NIP, será caracterizada como denúncia, sendo realizada a apuração por meio de notificação à operadora para que, no prazo de 10 (dez) dias, apresente resposta.

Em seguida, o órgão competente da ANS realizará a análise da documentação e poderá concluir pelo *(i)* arquivamento da demanda, caso não procedente; ou *(ii)* arquivamento da demanda, por reconhecimento da RVE; ou *(iii)* prosseguimento do feito, iniciando-se a fase processual do processo administrativo sancionador.[34]

5.2.2.3 Processo Administrativo Sancionador

Para a ANS, ultrapassada a fase pré-processual, instaura-se este processo para apuração de infração, observados os trâmites conforme disposto no artigo 21 e seguintes da Resolução Normativa – RN nº 388, de 2015.

5.3 Plataformas para solução de conflitos

Os canais abaixo indicados são uma primeira tentativa de alternativa para que o consumidor busque uma solução à sua demanda e não substituem os canais tradicionais de atendimento do Estado (PROCONs, Defensorias Públicas, Ministério Público e Juizados Especiais):

- **Consumidor.gov.br:** é um serviço público e gratuito, mantido pelo Estado e acessível por meio da internet, que permite ao consumidor, incluindo os beneficiários de planos de saúde, interagir com os fornecedores. A participação das empresas é voluntária e, portanto, basta acessar o "site" para saber se a empresa contratada está na lista **https://www.consumidor. gov.br/pages/principal/empresas-participantes**. Neste "site" é possível também conhecer os objetivos, as vantagens para o consumidor, como ele funciona entre outros esclarecimentos.

- **Reclame aqui**: neste "site" é possível pesquisar a reputação das empresas, antes de contratar um serviço, ou mesmo resolver uma questão diretamente com o fornecedor, tudo isso

---

[34] ANS. Artigos 17 a 19 da Resolução Normativa nº 388/2015.

por meio da internet e de forma gratuita. É um canal independente de comunicação entre consumidores e empresas e o acesso é feito pelo endereço eletrônico: **https://www.reclame-aqui.com.br/**.

- **Conciliação pré-processual:** para aquelas demandas em que o beneficiário busca diretamente o Poder Judiciário, sem assistência de advogado, por meio do Juizado Especial Cível, existe uma estrutura através da qual é realizada uma triagem antes de o consumidor realizar a atermação de seu pedido, ou seja, a judicialização propriamente dita. O beneficiário é atendido por um representante do Instituto Brasileiro para Estudo e Desenvolvimento do Setor de Saúde – IBEDESS, que toma conhecimento da demanda e faz a interlocução entre a operadora de planos de saúde responsável e o beneficiário. Caso o beneficiário consiga resolver sua questão através desta estrutura, a judicialização do pedido pode ser evitada.

5.4 Contratos de planos de saúde

Em termos gerais, existem dois tipos de planos de saúde, os contratos celebrados antes ou depois da Lei nº 9.656/908, conforme abaixo especificado:

a) **Planos celebrados antes da vigência Lei 9656/98 (antes de 01/01/99)**

São planos **não regulamentados** celebrados antes da vigência da Lei 9.656/98, quando não havia regulamentação do setor de saúde.

Os contratos celebrados não possuem o rigor estabelecido na Lei 9.656/98, entretanto, por aditivo contratual é possível adaptar ou migrar de plano com o ajuste do contrato (RN 254/2011), como previsto no art. 35-E, § 1º da Lei mencionada.

As coberturas são aquelas definidas no contrato, devendo a operadora observar as omissões e cláusulas que podem ser consideradas abusivas. Neste caso, não se sujeitam ao rol mínimo estabelecido pela ANS.

É vedada a comercialização e inclusão de beneficiários à exceção de novo cônjuge e filhos.

b) **Planos celebrados após a vigência da Lei 9.656/98**

São planos **regulamentados** definidos pela referida lei como plano privado de assistência à saúde: *(i)* prestação continuada de serviços ou cobertura de custos assistenciais a preço pré ou pós-estabelecido, *(ii)* por prazo **indeterminado**, *(iii)* com a finalidade de garantir, **sem limite financeiro** a assistência à saúde, mediante acesso à rede credenciada, contratada ou referenciada, *(iv)* tudo isso, desde que previsto no instrumento contratual.

Importante destacar que os "planos antigos", porém adaptados, também devem ser analisados com base nas questões acima destacadas.

5.4.1 Contratos regulamentados e as segmentações disponíveis para contratação

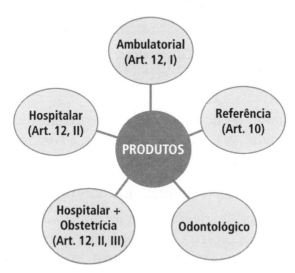

- **Plano Referência:** compreende todos os procedimentos clínicos, cirúrgicos, obstétricos atendimentos de urgência/emergência (Lei nº 9.656/98, art.10), com acomodação em enfermaria. Na urgência/emergência a cobertura é integral. Para cada tipo de contratação comercializado a operadora privada deverá registrar um plano Referência. O oferecimento é obrigatório, exceto para operadoras autogestão e planos odontológicos.

- **Ambulatorial:** compreende consultas médicas em número ilimitado, cobertura de Serviço Auxiliar de Diagnóstico e Terapia (SADT), demais procedimentos exclusivamente ambulatoriais ou cirúrgicos ambulatoriais, mesmo quando realizados em hospital. Nesta segmentação, **não há contratação de procedimentos realizados em regime de internação hospitalar, ainda que de urgência/emergência.**

- Hospitalar com Obstetrícia: compreende toda a cobertura de todas as modalidades de internação hospitalar e os atendimentos caracterizados como de urgência e emergência, acrescido dos procedimentos relativos à assistência ao parto e puerpério.

- Hospitalar sem Obstetrícia: cobertura similar à segmentação acima, todavia, excluída a assistência ao parto e puerpério.

- Odontológico: compreende os procedimentos odontológicos listados no Rol de procedimentos e eventos em saúde estabelecidos pela ANS.

5.4.2 Coberturas excluídas dos contratos

As coberturas excluídas dos contratos são aquelas que, por meio de cláusula expressa e destacada, em consonância com o disposto no art. 54, §4º, da Lei 8.078/90, constam descritas no contrato de prestação de serviços.

Informações importantes sobre a exclusão de coberturas, segundo orientações da ANS:

É vedada a exclusão de cobertura de beneficiário portador de Doenças e Lesões Preexistentes (DLP) quando da contratação do plano, todavia é permitido o estabelecimento de prazo mínimo para utilização, ou seja, 24 (vinte e quatro) meses a partir da vigência do contrato, cabendo à operadora o ônus da prova sobre a orientação ao consumidor e seu conhecimento prévio sobre a DLP[35]

Na contratação do plano, o beneficiário deve preencher a declaração de saúde e informar se há DLP e, sendo o caso,

---

[35] Conforme disposto na Lei 9.656/98 e na Resolução Normativa RN Nº 162 de 17 de outubro de 2007 da ANS.

SAÚDE SUPLEMENTAR 75

a operadora poderá oferecer o cumprimento de Cobertura Parcial Temporária (CPT), que é o período de 24 meses em que não haverá cobertura de procedimentos cirúrgicos e de alta complexidade, bem como leitos de alta tecnologia para aquela determinada patologia;

É vedada a suspensão da assistência à saúde ao consumidor ou beneficiário, titular ou dependente, até a prova da DLP, mediante abertura de processo administrativo junto à ANS.

5.5 Doenças ou Lesões Preexistentes (DLP)

Nos planos individuais ou familiares, ou coletivos, em que haja previsão de agravo ou Cobertura Parcial Temporária - CPT, o beneficiário deverá informar, quando expressamente solicitado pela operadora na documentação contratual por meio da Declaração de Saúde, o conhecimento de doença ou lesões preexistentes - DLP. Esta informação deve ser passada à época da assinatura do contrato ou ingresso contratual, sob pena de caracterização de fraude por parte do consumidor, ficando sujeito à suspensão da cobertura ou rescisão unilateral do contrato, após o julgamento pela ANS do competente processo administrativo.

Em caso de DLP a operadora privada deve oferecer o Agravo[36] (facultativo) ou o CPT [37](obrigatório).

---

[36] Qualquer acréscimo no valor da contraprestação paga ao plano privado de assistência à saúde, para que o beneficiário tenha direito integral à cobertura contratada, para a doença ou lesão preexistente declarada, após os prazos de carências contratuais, de acordo com as condições negociadas entre a OPS e o beneficiário.

[37] Aquela que admite, por um período ininterrupto de até 24 meses, a partir da data da contratação ou adesão ao plano privado de assistência à saúde, a suspensão da cobertura de Procedimentos de

Destacam-se as definições que envolvem esta temática da DLP e CPT, conforme disposto na Resolução Normativa RN nº 162, de 2007, da ANS:

- **Doenças ou Lesões Preexistentes – DLP:** aquelas que o beneficiário ou seu representante legal saiba ser portador ou sofredor, no momento da contratação ou adesão ao plano privado de assistência à saúde, de acordo com o art. 11 da Lei nº 9.656, de 3 de junho de 1998, o inciso IX do art 4º da Lei nº 9.961, de 28 de janeiro de 2000, e as diretrizes estabelecidas na referida Resolução;

- **Cobertura Parcial Temporária – CPT:** aquela que admite, por um período ininterrupto de até 24 meses, a partir da data da contratação ou adesão ao plano privado de assistência à saúde, a suspensão da cobertura de Procedimentos de Alta Complexidade (PAC), leitos de alta tecnologia e procedimentos cirúrgicos, desde que relacionados exclusivamente às doenças ou lesões preexistentes declaradas pelo beneficiário ou seu representante legal[38];

- **Agravo:** como qualquer acréscimo no valor da contraprestação paga ao plano privado de assistência à saúde, para que o beneficiário tenha direito integral à cobertura contratada para a doença ou lesão preexistente declarada, após os prazos de carências contratuais, de acordo com as condições negociadas entre a operadora e o beneficiário.

Alta Complexidade (PAC), leitos de alta tecnologia e procedimentos cirúrgicos, desde que relacionados exclusivamente às doenças ou lesões preexistentes declaradas pelo beneficiário ou seu representante legal
[38] ANS. Resolução RN 162, de 17 de outubro de 2007, art. 2º, inciso II.

No contrato coletivo empresarial não pode haver cláusula de agravo ou cobertura parcial temporária em casos de doenças ou lesões preexistentes e nem cláusula de carência, desde que o beneficiário formalize o pedido de ingresso em até 30 (trinta) dias da celebração do contrato ou de sua vinculação à pessoa jurídica contratante.

O CNJ, no enunciado nº 25, orienta sobre esta questão, dizendo ser abusiva a negativa de cobertura de procedimentos cirúrgicos de alta complexidade, relacionados à DLP, quando o usuário não tinha conhecimento ou não foi submetido a prévio exame médico ou perícia, salvo comprovada má-fé. Este enunciado se reporta à Súmula 609 do STJ.

5.6 Reembolso de despesas custeadas pelo beneficiário

Conforme disposto no art. 12, VI, da Lei 9656/98, o reembolso, em todos os tipos de produtos de que tratam a referida lei, será realizado de acordo com a relação de preços de serviços médicos e hospitalares praticados pelo respectivo produto (tabela da operadora de plano de saúde), pagáveis no prazo máximo de 30 dias após a entrega da documentação adequada. Isso ocorrerá nos limites das obrigações contratuais, das despesas efetuadas pelo beneficiário com assistência à saúde e em casos de **urgência ou emergência**, quando não for possível a utilização dos serviços próprios, contratados, credenciados ou referenciados pelas operadoras.

Deve haver o reembolso integral nos casos em que a operadora deixa de cumprir os prazos de atendimento, independentemente de atendimento eletivo ou urgência/emergência[39].

5.7 Abrangência geográfica dos planos de saúde

Segundo a ANS[40], a área de abrangência geográfica é aquela em que a operadora fica obrigada a garantir todas as coberturas de assistência à saúde contratadas pelo beneficiário:

- Nacional: em todo o território nacional;
- Estadual: em todos os municípios do Estado;
- Grupo de Estados: em todos os municípios dos Estados que compõem o grupo, sendo que este deve conter pelo menos dois Estados, não atingindo a cobertura nacional;
- Grupo de Municípios: em mais de um município, de um ou mais Estados, desde que não ultrapasse o limite de 50% dos municípios de cada Estado. (regional);
- Municipal: em um município (local).

Via de regra, é possível constatar qual a área de abrangência do contrato de determinado beneficiário na própria carteira de atendimento do plano de saúde.

É direito do beneficiário, na hipótese de indisponibilidade de prestador integrante da rede assistencial no município pertencente à área de abrangência geográfica, que a operadora garanta o atendimento nos termos do art. 4º, incisos e parágrafos da RN 259/2011.

---

[39] Resolução Normativa RN Nº 259, de 17 de junho de 2011, que dispõe sobre a garantia de atendimento dos beneficiários de plano privado de assistência à saúde.

[40] ANS. Resolução RN 259, de 17 de junho de 2011. Art. 1º, §1º, I.

5.8 Carências

A operadora pode fixar períodos de carências inferiores, desde que previsto no contrato, mas os prazos de carências não podem ser maiores que os previstos na Lei 9.656/98, como exemplo:

a) prazo máximo de 300 (trezentos) dias para partos a termo;

b) prazo máximo de 180 (cento e oitenta) dias para os demais casos;

c) prazo máximo de 24 (vinte e quatro) horas para a cobertura dos casos de urgência e emergência.

5.8.1 Portabilidade de carências

Para o beneficiário que desejar mudar de plano privado e queira dispensar o cumprimento de períodos de carência ou Cobertura Parcial Temporária - CPT relativas às coberturas previstas na segmentação assistencial do plano de origem, existe esta possibilidade, que se denomina portabilidade de carências. Para tal iniciativa existem regras fixadas pela ANS e, atualmente, foi publicada Resolução RN 438/2018, que entra em vigor em junho de 2019, que, inclusive, ampliou as regras desta portabilidade, alcançando até os beneficiários de contratos coletivos empresariais[41].

---

[41] Disponível em http://www.ans.gov.br/aans/noticias-ans/consumidor/4746-ans-amplia-regras-para-portabilidade-de-carencias. Acesso em 19.03.2019.

5.9 Medicamento para uso domiciliar

A Lei 9.656/98 prevê, em seu artigo 10, inciso VI, que o fornecimento de medicamentos para tratamento domiciliar não está contemplado entre as coberturas obrigatórias, ressalvados os exemplos a seguir descritos. Sendo assim, nos contratos regulamentados ou adaptados, usualmente consta uma cláusula expressa excluindo este tipo de cobertura.

Para os contratos não regulamentados, devem-se observar as disposições existentes no instrumento e, portanto, se há eventual exclusão do fornecimento de medicamentos para uso em domicílio.

A ANS orienta[42] que, para os casos de fornecimento de medicamentos para tratamento domiciliar, isto é, aqueles prescritos para administração em ambiente externo ao de unidade de saúde (art. 20, §1º, VI, da RN 428, de 2017), é obrigatória a cobertura para:

a) **Medicamentos antineoplásicos[43] orais para uso domiciliar**, assim como medicamentos para o controle de efeitos adversos e adjuvantes de uso domiciliar relacionados ao tratamento antineoplásico oral e/ou venoso (art. 21, XI, RN nº 428, de 2017), respeitadas as Diretrizes de Utilização – DUT descritas nos itens 54 e 64 do Anexo II da RN nº 428, de 2017; e

---

[42] Disponível em http://www.ans.gov.br/images/stories/parecer_tecnico/ uploads/parecer_tecnico/_PARECER_29-2018_MEDICAMENTOS%20 PARA%20TRATAMENTO%20DOMICILIAR_VERSO%20 FINAL_28122017.pdf. Acesso em 19/03/2019.

[43] Antineoplásicos são medicamentos utilizados para destruir neoplasmas ou células malignas e, têm a finalidade de evitar ou inibir o crescimento e a disseminação de tumores.

SAÚDE SUPLEMENTAR

b) **Medicamentos utilizados durante internação domiciliar em substituição à internação hospitalar,** com ou sem previsão contratual, obedecidas as exigências previstas nos normativos vigentes da ANVISA e nas alíneas "d" e "g" do inciso II do artigo 12 da Lei nº 9.656 de 1998 c/c art. 14 da RN nº 428, de 2017.

Desta forma, sendo o caso de o medicamento para tratamento domiciliar não estar elencado nas coberturas obrigatórias contratuais e normativas, importante observar a existência de assistência farmacêutica no âmbito do SUS, cujas diretrizes foram expostas neste manual, na parte da saúde pública (item 4.10 e seguintes).

5.10 Formatação do preço, por meio de cálculo atuarial

A precificação é uma definição técnica na qual o profissional atuário estima as mensalidades necessárias ao custeio do plano de saúde, ou seja, processo pelo qual a operadora de plano de saúde consegue definir o preço das mensalidades e elaborar a oferta do produto a ser comercializado aos consumidores.

Importante ressaltar que a precificação adequada é ponto muito relevante para as operadoras de planos de saúde manterem-se no mercado de saúde suplementar, possibilitando uma oferta adequada com qualidade na prestação dos serviços, entre outras questões.

O responsável por definir a precificação adequada, como dito, é o atuário, ator principal neste processo complexo. Sua responsabilidade é trabalhar com dados históricos reais da operadora privada e estimar, de forma preditiva, o desenvolvimento dos eventos indenizáveis e comportamento dos beneficiários de longo prazo, conforme o perfil da carteira e objetivos de oferta dos produtos.

Para a formatação do preço faz-se necessário considerar:

- Lei 9.656/98 e respectivos normativos vigentes;
- Público alvo;
- Amplitude de cobertura;
- Rede prestadora de serviços;
- Carências;
- Mecanismos de regulação;
- Remuneração dos prestadores de serviços;
- Remuneração dos vendedores;
- Estratégias comerciais.

A partir daí o método utilizado será definido: *(i)* baseado em custos; *(ii)* baseado na demanda; *(iii)* baseado na concorrência.

O processo de definição da precificação perpassa por montagem de base de dados da operadora, com análise minuciosa de diversos elementos que impactam na precificação e definição de diretrizes (coparticipações, área de abrangência, tipo de contratação).

Principais Análises Atuariais	Principais Atuariais Complementadas
• Frequencias de utilização; • Despesas médias; • Sinistralidade; • Inclusão de novas coberturas; • Evolução e distribuição da massa de beneficiários	• Despesas não assistenciais (Despesa Administrativa, comissão, lucratividade); • Reajustes/Política das remunerações dos Prestadores Pessoa Física e Jurídica

SAÚDE SUPLEMENTAR   83

Após realizada a formatação do preço é elaborada uma nota técnica para registro de produtos – NTRP[44], contendo detalhamentos e fundamentos da precificação, para ser apresentado à ANS, a fim de se registrar [45] o novo produto que será comercializado pela operadora privada.

5.11 Reajustes de Preços

Dentre os reajustes existentes e aplicados aos contratos, na esfera da saúde suplementar, destacam-se:

- Reajuste financeiro anual: índice financeiro definido em contrato e sinistralidade, que é o cálculo das receitas e despesas apuradas no período de 12 meses;

- Reajuste por mudança de faixa etária: contratos celebrados na vigência da resolução do CONSU 6, sete faixas etárias, e contratos celebrados a partir da RN n° 63, 10 faixas etárias;

---

[44] A Nota Técnica de Registro de Produtos – NTRP é o documento que justifica a formação inicial dos preços dos planos de saúde por meio de cálculos atuariais. A NTRP deve acompanhar a solicitação de registro do produto, ficando vigente até que seja efetuada sua atualização. A atualização representa a reavaliação dos preços estabelecidos anteriormente, e será válida apenas para as vendas efetuadas a partir da data do seu recebimento na ANS, desde que processada com sucesso. (Disponível em http://www.ans.gov.br/planos-de-saude-e-operadoras/espaco-da-operadora/registro-e-manutencao-de-operadoras-e-produtos/registro-de-produto/nota-tecnica-de-registro-de-produtos-ntrp)

[45] Registro concedido pela ANS aos planos privados de assistência à saúde que atendam às exigências estabelecidas por disposição legal específica, a ser comercializado ou disponibilizado pelas operadoras registradas na ANS (disponível em http://www.ans.gov.br/planos-de-saude-e-operadoras/espaco-da-operadora/registro-e-manutencao-de-operadoras-e-produtos/registro-de-produto)

- Reajuste dos planos individuais/familiares: o índice é aquele autorizado pela ANS de maio a abril do ano seguinte;

- O reajuste dos planos coletivos até 29 vidas: a apuração da sinistralidade é realizada de forma conjunta com todas as empresas no agrupamento de contratos ("pool" de risco) (RN nº 309);

- O reajuste dos planos coletivos acima de 29 vidas: o reajuste é negociado com a contratante.

A seguir, um maior detalhamento de alguns dos referenciados reajustes.

5.11.1 Reajuste por mudança de faixa etária

O reajuste por faixa etária existe para que a viabilidade financeira das operadoras seja mantida. Os beneficiários em idade mais avançada precisam pagar maiores mensalidades, em razão do maior índice estatístico de utilização dos serviços médicos oferecidos pela operadora. Refere-se à proporcionalidade direta entre a utilização do plano de saúde e a idade do beneficiário.

Não obstante, em demandas desta natureza, a Lei 10.741/2003 (Estatuto do Idoso) deve balizar a interpretação dos reajustes aplicados. Ela prevê, em seu art. 15, §3º [46], a vedação à discriminação do idoso com a cobrança de valores diferenciados em razão da idade.

Antes da entrada em vigor da Lei 9.656/98, as faixas etárias eram livremente estabelecidas pelas operadoras, assim

---

[46] Lei 10.741/2003, art. 15. (...) § 3º É vedada a discriminação do idoso (60 anos ou mais) nos planos de saúde pela cobrança de valores diferenciados em razão da idade.

pode ocorrer de a operadora ter contratos sem faixas etárias ou com algumas faixas etárias previstas em contrato.

Com a publicação da Lei 9.961/2000, que criou a ANS, e a publicação da Resolução do CONSU 6/98 os planos passaram a ter 07 faixas etárias.

A partir de 2004 foi publicada a RN 63/2003, em que os planos passaram a ter 10 faixas etárias.

Logo, no que tange às faixas etárias, os contratos de planos de assistência à saúde suplementar passam a ser divididos em 03 grupos:

1) Anteriores a Lei 9656/98 com ou sem faixas etárias;

2) Posteriores a Lei 9656/98 com 7 faixas etárias;

3) Posteriores a RN 63 com 10 faixas etárias.

PLANO COM 07 (SETE) FAIXAS ETÁRIAS – Contratos Regulamentados (assinados entre 01/01/1999 e 31/12/2003):

A Lei determina que a mensalidade da última faixa (70 anos ou mais) poderá ser, no máximo, 06 (seis) vezes maior que o preço da faixa inicial (0 a 17 anos).

A variação deve obedecer às seguintes faixas etárias:

a) 0 a 17 anos;

b) 18 a 29 anos;

c) 30 a 39 anos;

d) 40 a 49 anos;

e) 50 a 59 anos;

f) 60 a 69 anos;

g) 70 anos ou mais.

Importante destacar que os contratos firmados com consumidores com idade de 60 anos ou mais e 10 (dez) anos ou mais de adesão ao plano não podem sofrer a variação por mudança de faixa etária.

Para os contratos regulamentados assinados após entrada em vigor da resolução normativa RN nº 63/2003[47], observa-se:

- Aumento do número de faixas etárias de 7 para 10, visando atender à determinação do Estatuto do Idoso que veda a variação por mudança de faixa etária aos contratos de consumidores com idade acima de 60 anos (art. 15);

- O valor fixado para a última faixa etária (59 anos ou mais) não pode ser superior a seis vezes o valor da primeira faixa (0 a 18);

- A variação acumulada entre a sétima e a décima faixas não pode ser superior à variação acumulada entre a 1ª e a 7ª faixa;

- Contratos assinados antes de janeiro de 1999 que foram adaptados à nova lei têm que ter as faixas etárias e os percentuais de variação por mudança de faixa etária expressos no novo contrato.

---

[47] Define os limites a serem observados para adoção de variação de preço por faixa etária nos planos privados de assistência à saúde contratados a partir de 1º de janeiro de 2004

1ª – até 18 anos;

2ª – de 19 a 23 anos;

3ª – de 24 a 28 anos;

4ª – de 29 a 33 anos;

5ª – de 34 a 38 anos;

6ª – de 39 a 43 anos;

7ª – de 44 a 48 anos;

8ª – de 49 a 53 anos;

9ª – de 54 a 58 anos;

10ª – de 59 anos em diante.

> O valor fixado para a última faixa etária (59 anos ou mais) não pode ser superior a seis vezes o valor da primeira faixa (0 a 18).
>
> A variação acumulada entre a sétima e a décima faixas não pode ser superior à variação acumulada entre a primeira e a sétima faixas

5.11.2 Outros reajustes nos contratos

Para outros reajustes nas mensalidades, devem ser observadas as seguintes premissas:

- O reajuste financeiro de planos de saúde somente pode ser aplicado uma única vez ao ano;

- Não poderá haver aplicação de percentuais de reajuste diferenciados dentro de um mesmo plano de um determinado contrato;

- Não poderá haver distinção quanto ao valor da contraprestação pecuniária entre os beneficiários que vierem a ser incluídos no contrato e os a ele já vinculados, à exceção quanto aos planos adaptados.

- A regra para a aplicação do reajuste de planos celebrados antes da Lei 9.656/98 não adaptados deve ser aquela estabelecida no contrato. Caso o contrato de plano individual não preveja de forma clara o critério de reajuste, automaticamente deverá ser aplicado o reajuste dos planos individuais familiares publicado pela ANS.

5.11.2.1 Reajuste anual (planos Individuais familiares)

Para a aplicação de reajuste anual aos contratos individuais e familiares, importante respeitar os requisitos abaixo:

- Depende de autorização da ANS: é publicado índice anualmente, cuja aplicação ocorre de **maio a abril do ano seguinte**;
- Envio da solicitação a partir de 01 de março de cada ano;
- Envio do recolhimento da taxa, estar regular com a transmissão do Sistema de Informação de beneficiários – SIB, sistema de informação de produtos – SIP, Documento de Informações Periódicas das Operadoras de Planos de Assistência à Saúde – DIOPS;
- Aplicação no aniversário do contrato.

5.11.2.2 Reajuste de Planos Coletivos

A aplicação do reajuste nos planos coletivos, em síntese, deve observar os seguintes limites:

- Aplicação na data do aniversário do contrato;
- Planos com 30 ou mais participantes: reajuste negociado entre as partes;
- Planos com até 29 participantes: reajuste pelo agrupamento de contratos.

No caso de aplicação de reajuste de planos coletivos pelo agrupamento de contratos – RN 309/2012[48], os objetivos são:

---

[48] Resolução Normativa, publicada pela ANS, que dispõe sobre o agrupamento de contratos coletivos de planos privados de assistência à saúde para fins de cálculo e aplicação de reajuste.

SAÚDE SUPLEMENTAR   89

- Promover o agrupamento de contratos de planos coletivos regulamentados e adaptados para fins de cálculo e
  aplicação de reajuste financeiro anual aos contratos com
  até 29 participantes na data do aniversário;
- Estipular um único reajuste anual calculado para a carteira de planos coletivos;
- Abrange os planos Coletivos Empresariais e Adesão.

Importante destacar que a RN citada acima **não se aplica
aos agrupamentos de contrato em caso de:** *(i)* Planos exclusivamente odontológicos; *(ii)* Planos pós-estabelecido, custo
operacional; *(iii)* Planos exclusivos de ex-empregados, aposentados e demitidos; *(iv)* Planos celebrados anterior a Lei
9.656/98 não adaptados.

5.12 Contratos Coletivos Inativos: Demitidos e Aposentados - RN 279/2011 [49]

Para o caso de beneficiário titular de um contrato, demitido sem justa causa ou que venha a se aposentar, que tenha
contribuído[50] para o custeio do seu plano, ele terá o direito de
manter sua condição e de seus dependentes ou agregados (se
inscritos anteriormente no plano) nas mesmas condições de
que gozava quando da vigência do contrato de trabalho, desde
que assuma o pagamento integral das mensalidades.

---

[49] Resolução Normativa, publicada pela ANS, que dispõe sobre a
regulamentação dos artigos 30 e 31 da Lei nº 9.656, de 3 de junho de 1998,
e revoga as Resoluções do CONSU nºs 20 e 21, de 7 de abril de 1999.
[50] O plano de saúde em que há fator moderador (coparticipação) não é
considerado contribuição.

Para tanto, no ato da assinatura do aviso prévio, deve ser feita a comunicação ao ex-empregado e este terá **30 dias** para fazer a opção por este plano e será responsável pelo pagamento integral da mensalidade, conforme disposto na RN 279/2011[51]. Se o empregado se mantiver inerte até o prazo final de resposta ou expressar o seu desinteresse, o empregador (contratante) poderá comunicar a exclusão do beneficiário do plano.

O beneficiário do plano inativo perde sua condição quando:

- Expirado o prazo (30 dias após o beneficiário ser comunicado);
- Quando da admissão do beneficiário titular em outro emprego;
- Por inadimplência;
- Na hipótese de rescisão do contrato coletivo entre o ex--empregador e a operadora de planos de saúde.

Em caso de morte do titular, o direito de permanência é assegurado aos dependentes cobertos pelo plano (desde que paguem as mensalidades), seguindo a contagem de tempo que ainda falta para completar o prazo limite de permanência do plano.

---

[51] Art. 4º É assegurado ao ex-empregado demitido ou exonerado sem justa causa que contribuiu para produtos de que tratam o inciso I e o § 1º do artigo 1º da Lei nº 9.656, de 1998, contratados a partir de 2 de janeiro de 1999, em decorrência de vínculo empregatício, o direito de manter sua condição de beneficiário, nas mesmas condições de cobertura assistencial de que gozava quando da vigência do contrato de trabalho, desde que assuma o seu pagamento integral.

SAÚDE SUPLEMENTAR   91

a) **Para o caso de beneficiários demitidos, a contagem do prazo de permanência, ou seja, o período de manutenção da condição de beneficiário contribuinte dar-se-á:**

- 1/3 (um terço) do tempo de permanência no plano, com um mínimo assegurado de 06 (seis) meses e um máximo de 24 (vinte e quatro) meses;
- Se houver fração no cálculo do tempo, arredondar para cima.

b) **Para o caso de aposentados, tem-se para a contagem do prazo de permanência:**

- Sem limitação de prazo: **vínculo empregatício, por prazo superior há 10 (dez) anos de contribuição;**
- Limitado a 01 (um) ano para cada ano de contribuição: **vínculo empregatício, por prazo inferior há 10 (dez) anos de contribuição.**

Se o aposentado contribuiu por 10 meses, ou seja, não completou um ano, terá direito à manutenção pelo período de 10 meses.

Em quaisquer das hipóteses em que houver a rescisão do contrato com a empresa, não haverá manutenção do contrato acessório e, portanto, aos beneficiários deste contrato inativo será apresentada a opção para a contratação de um plano individual familiar, no prazo máximo de 30 dias após a rescisão, sem necessidade de cumprir novos prazos de carência, desde que a operadora de planos de saúde possua plano nesta modalidade e o beneficiário assuma a contraprestação pecuniária.[52]

---

[52] ANS. Resolução Normativa nº 279, de 2011 e Resolução do Conselho de Saúde Suplementar - CONSU nº 19, de 1999.

5.13 Cancelamento e exclusão de beneficiário

Inicialmente é importante esclarecer que, por um lado, **o cancelamento** do contrato refere-se à rescisão de contrato individual ou familiar a pedido do beneficiário titular e, por outro lado, **a exclusão do beneficiário**, titular ou dependente, em contrato coletivo empresarial ou por adesão se faz a pedido do titular contrato coletivo empresarial ou por adesão que continua vigente.

Nos casos da rescisão do contrato individual ele poderá ocorrer:

- caso seja observada fraude ou inadimplência, devendo-se cumprir o disposto no art. 13, inciso II da Lei 9.656/98 – desde que o consumidor seja comprovadamente notificado; ou

- a pedido, conforme trâmites estabelecidos nos artigos 4º e seguintes da Resolução Normativa nº 412, de 2016, da ANS.

No caso da exclusão do beneficiário em contrato coletivo deve ser observado o disposto nos artigos 7º e seguintes da resolução acima mencionada.

6
JUDICIALIZAÇÃO DA SAÚDE

Neste item será tratada a judicialização do acesso à saúde, tendo em vista que no Brasil é considerado um fenômeno diferenciado, em razão do grande volume de demandas que tramitam no Poder Judiciário para obtenção de acesso a ações, serviços de saúde e outras discussões relacionadas.

6.1 Considerações gerais sobre a judicialização da saúde

Como já afirmado, a saúde pública está assegurada na Constituição Federal – CF e na Lei nº 8.080/90 como um direito humano fundamental social, cabendo ao Estado garantir o acesso universal e gratuito, dentro de uma diretriz de integralidade, que pode ser prestado diretamente pelo Poder Público ou de forma complementar, através de contrato de direito público ou convênio com instituições privadas, observadas as diretrizes do SUS (CF, art. 199, § 1º).

A CF não se limita a assegurar o direito à saúde, mas também estabelece mecanismos para garantir a efetivação dos direitos constitucionais. Em razão do princípio da inafastabilidade da jurisdição, nenhuma lesão ou ameaça a direito deixará de ser apreciada pelo Poder Judiciário (CF, art. 5º, LXXXV), de modo que, demonstrada a ineficiência do Poder Público em atender a essa demanda social da saúde ou o descumprimento da contraprestação contratual pelas operadoras de saúde, qualquer interessado pode provocar a atividade jurisdicional.

No que se refere à saúde pública, reconhecida como um direito social, deve ser assegurado o acesso às políticas públicas a qualquer pessoa, tanto ao rico como ao pobre, ao nacional ou estrangeiro que se encontre em território nacional, portanto, qualquer pessoa pode provocar o referido acesso.

A saúde como um bem jurídico social, individual e coletivo, permite exigir do Estado as ações necessárias para a sua promoção, proteção e recuperação (CF, art. 196).

A efetivação do direito à saúde pela via judicial está cada vez mais crescente, consistindo na tentativa de acesso a medicamentos, produtos ou serviços de saúde através de intervenção do Poder Judiciário, fundamentado nas premissas constitucionais de acesso universal e igualitário, dentro de uma diretriz de integralidade.

O fenômeno da denominada "judicialização da saúde", ou "judicialização das políticas de saúde", possui uma dinâmica na qual o Poder Judiciário se substitui ao Poder Executivo na escolha do medicamento/tratamento a ser fornecido, sob o fundamento de que a efetivação do direito à saúde está assegurada constitucionalmente, com o risco de subverter o sistema regulado das políticas públicas.

Nesse cenário e sob o argumento constitucional de que o acesso à saúde é um direito de todos e dever do Estado dentro da diretriz de integralidade, inúmeros pedidos de acesso a bens e serviços de saúde são judicialmente concedidos. Isso tem gerado debates e tensões entre usuários, operadores do direito e gestores de saúde, tanto na esfera pública, como na privada.

Também é necessário compreender os critérios técnicos que regulam o acesso a ações e serviços de saúde contextualizando a limitação de recursos e o impacto financeiro como previsto na Lei de Introdução às Normas de Direito Brasileiro - LINDB. Assim, o desafio é garantir benefícios e, inevitavelmente, o melhor equilíbrio possível entre custos e garantias, de modo que o resultado do processo não prejudique a justiça e a igualdade de acesso. Nesse sentido, o presente material objetiva apresentar aos operadores do direito e aos usuários da saúde pública e privada diretrizes para o setor público e privado, a fim de se garantir o direito constitucional.

A CF contempla expressamente o SUS (art. 198) e transfere para o legislador (art. 197) a competência sobre sua regulamentação, fiscalização e controle (art. 197). A concretização do sistema foi efetuada por meio da Lei Orgânica da Saúde (Lei nº 8.080/90) e os posteriores atos normativos secundários ali exarados, especialmente o Decreto nº 7.508/11. Trata-se de um arcabouço jurídico que orienta as ações e serviços de saúde no Brasil.

A judicialização do acesso à saúde ocorre na esfera do direito público para assegurar o cumprimento da promessa constitucional de acesso universal e igualitário dentro da diretriz de integralidade.

Na esfera da saúde suplementar, regida especialmente pela iniciativa privada, também há grande quantidade de demandas nas quais os segurados buscam o acesso a tecnologias negadas em razão da interpretação de cláusulas de cobertura contratual, como também litigam nessa esfera para discutir questões relacionadas ao reajuste de mensalidades, rescisão contratual, entre outras questões.

6.2 Judicialização do acesso a medicamentos

Na saúde pública, grande parte das demandas se refere a tentativas de acesso a medicamentos, tanto para alguns incorporados nas políticas públicas e não disponibilizados por deficiência do serviço de saúde, quanto para obter o acesso a medicamentos não incorporados.

Diferentemente da saúde pública, na saúde suplementar existe maior limitação de acesso a medicamentos para pacientes que não estejam em tratamento clínico, notadamente em ambiente hospitalar.

6.2.1 Acesso a medicamentos

Na esfera da saúde pública, o acesso a medicamentos é irrestrito, porque, no art. 196 da Constituição Federal, está a promessa de direito de todos e dever do Estado para a promoção, proteção e recuperação, não se limitando aos procedimentos.

Nos tópicos 4.10 e 4.11 está delineada a regulação da assistência farmacêutica.

Ademais, através da Resolução nº 01, de 17 de janeiro de 2012, aprovada na Comissão Intergestores Tripartite – CIT, foram estabelecidas as diretrizes da Relação Nacional de

Medicamentos Essenciais (RENAME), no âmbito do Sistema Único de Saúde (SUS), que parametriza e padroniza os medicamentos indicados para atendimento de doenças ou de agravos.

Embora diversas demandas judiciais se destinem a buscar o acesso a medicamentos incorporados nas políticas públicas, não disponibilizados pelas mais diversas razões, grande parte se refere a outros que não foram incorporados.

Quanto aos medicamentos incorporados e não disponibilizados, não existe muita dificuldade jurídica, porque há evidente defeito no serviço público.

No que se refere ao acesso a medicamentos não incorporados nas políticas públicas, devem ser analisados dois aspectos: a) estar incorporado outro com a mesma eficiência terapêutica; b) inexistência de outro medicamento incorporado que possua a mesma eficiência. As duas hipóteses devem ter solução distinta.

a) **Acesso a medicamento distinto daquele incorporado:** Quando o medicamento incorporado na política pública possui eficácia terapêutica similar àquele que o paciente pretende ter acesso não há como deferir a pretensão, porque a opção terapêutica do SUS deve ser aquela que consta das políticas públicas. Somente se provado que o medicamento oferecido pelo SUS não tem a mesma eficácia terapêutica pode ser deferido judicialmente o acesso a outro.

b) **Inexistência de medicamento incorporado com a mesma eficácia terapêutica:** Como existe a garantia constitucional de acesso à saúde de forma universal e igualitária, dentro da diretriz de integralidade, não há como negar acesso a medicamento não incorporado, se esse for necessário para recuperar a saúde da pessoa, se inexistir outro com similitude terapêutica.

Portanto, quando as políticas públicas forem insuficientes para assegurar a saúde da pessoa, não há como negar o acesso a medicamentos fora daquilo que tiver sido incorporado nas políticas públicas. Contudo, essa situação peculiar deve ser demonstrada inclusive na esfera administrativa, até porque ao Poder Judiciário cabe reparar lesão ou ameaça a direito, de modo que a prova da recusa é necessária para demonstrar o interesse jurídico para agir.

Ocorrendo judicialização de acesso a medicamentos na esfera da **saúde suplementar é necessário analisar se há disposição contratual para o fornecimento de terapia medicamentosa.**

De regra, o fornecimento de medicamentos na esfera privada dá-se quando há internação hospitalar – observada a segmentação contratual.

Eventualmente, se ultrapassadas as hipóteses de tratamento no âmbito hospitalar, é importante observar algumas particularidades, especialmente se a terapia medicamentosa está no rol de coberturas obrigatórias previstas para as operadoras de planos de saúde e, ainda, se possui alguma diretriz de utilização estabelecida pela ANS ou se há previsão contratual.

Registre-se que, em havendo judicialização do acesso a medicamentos na saúde suplementar, a discussão deve ocorrer de acordo com os parâmetros técnicos e o regulado em contrato.

Por fim, como disposto no item 5.9 retro, por previsão do art. 10, VI, da Lei 9.656/98, o plano-referência de assistência à saúde não contempla o fornecimento de medicamentos para uso domiciliar, de modo que essa cobertura existirá apenas quando prevista em contrato.

6.2.1.1 Acesso a medicamentos para uso "off label"

Em quaisquer das esferas, seja no âmbito público ou privado, o primeiro ponto para a compreensão desta matéria é a necessidade de analisar no processo judicial o que está disposto no item 4.11.4 deste manual, que trata do uso "off label" (fora de bula) de medicamentos.

No âmbito da **saúde pública,** no julgamento do Resp. nº 1.657.156 (Tema 106), a 1ª Seção Cível do STJ, que decide demandas de saúde pública, fixou o entendimento de que não é permitido o fornecimento de medicamento "off label", salvo quando tiver autorização da ANVISA. Trata-se de julgamento em caráter repetitivo, de modo que vincula todas as instâncias do Poder Judiciário que lhe são inferiores, exceto o Supremo Tribunal Federal.

No âmbito da **saúde suplementar,** tanto a 3ª como a 4ª Turmas do STJ têm admitido a obrigatoriedade do fornecimento "off label", como se pode ver no julgamento do REsp nº 1721705 e do REsp nº 1729566, respectivamente, daquelas duas Turmas Julgadoras.

Todavia, como se trata de julgamentos de casos concretos e não em caráter repetitivo, não foi fixada tese. Outrossim, inexistindo divergência entre as duas turmas julgadoras não há como levar a matéria para decisão na 2ª Seção Cível para fixar tese sobre a questão.

O que não se pode olvidar é que o fornecimento de medicamento para uso "off label", no âmbito da saúde suplementar, também se submete à prova de evidência científica quanto à sua eficácia, acurácia e segurança.

Desse modo, existindo controvérsia em ação judicial **no âmbito privado**, a questão deve ser elucidada por meio da análise técnica específica à evidência científica, com base nos requisitos que fundamentam a medicina baseada em evidência e que são tratados no item 3.1 deste manual.

O que se pode concluir é que o tratamento "off label" muito se aproxima dos medicamentos e procedimentos experimentais. Isso ocorre porque o pedido de registro de medicamento é requerido com base nos elementos utilizados na pesquisa para a sua produção. Na bula, há a indicação para aquelas enfermidades às quais o medicamento destina-se em função dos resultados da pesquisa. Quando o médico prescreve medicamento fora da indicação o faz por conta e risco próprios.

Embora, como dito, tanto a 3ª como a 4ª Turmas do STJ tenham firmado o entendimento de que as operadoras de saúde suplementar não podem negar acesso a medicamentos para uso "off label", o art. 10, I, da Lei nº 9.656/98 exclui de cobertura o tratamento clínico ou cirúrgico experimental, sendo necessário, por conseguinte, que cada caso apresentado ao Judiciário seja discutido a partir de suas particularidades, com a prova de evidência científica.

Portanto, em que pese admitir-se a disponibilização dos medicamentos registrados na ANVISA, mesmo para uso "off label", a mesma regra não se aplica quando não tiverem registro naquela Agência, porque nesse caso terão natureza experimental, salvo as exceções enumeradas pelo STF no julgado do dia 22.05.2019 do RE 657.718/MG, que admite o fornecimento quando houver mora irrazoável da ANVISA em apreciar o pedido e inexistir substituto terapêutico registrado no Brasil.

6.2.1.2 Acesso a medicamentos importados

Nos termos da regulamentação da Agência Nacional de Vigilância Sanitária (Portaria nº 344/1999 – Anexo I), para efetuar a importação de qualquer medicamento sujeito a controle especial, para uso próprio e para tratamento de saúde, é necessário, primordialmente, verificar se a substância que compõe o medicamento está incluída em uma das Listas de substâncias sujeitas a controle especial. Para tanto, o interessado deverá acessar a Portaria nº 344/1998 (Anexo I) e suas atualizações, junto ao portal da ANVISA (http://portal.anvisa.gov.br/lista-de-substancias-sujeitas-a-controle-especial).

Ainda, de acordo com a Resolução da Diretoria Colegiada do órgão de Vigilância Sanitária (RDC nº 63, de 09 de Setembro de 2008), somente é permitida a importação de medicamentos que contenham exclusivamente substâncias da lista C1, e nas situações em que não houver semelhantes registrados e/ou comercializados no Brasil. Portanto, caso haja algum medicamento semelhante disponível no País, ainda que com nome comercial diferente, não poderá ser imposta judicialmente a importação do medicamento do exterior.

Realizada a análise e conferência das substâncias ativas do medicamento a ser importado, basta o requerente apresentar o receituário atualizado para a autoridade sanitária no local de entrada da droga, uma vez que não é necessário enviar previamente nenhuma documentação à ANVISA. Todavia, o comércio do produto eventualmente importado é proibido, sendo somente permitido o seu uso pessoal e restrito.

Em casos excepcionais, para uso próprio e para tratamento de saúde, para casos em que não há alternativas terapêuticas, a importação de medicamentos à base das outras substâncias pode ser requerida pelo paciente/responsável legal à ANVISA, por meio de pedido de excepcionalidade, **agora** previamente à importação.

Surgida a necessidade, portanto, o requerente deverá formalizar o pleito junto à ANVISA, sempre mediante o envio de documentação para o "e-mail" med.controlados@anvisa.gov.br ou o endereço da Gerência de Produtos Controlados: [Agência Nacional de Vigilância Sanitária (ANVISA). Gerência de Produtos Controlados (GPCON) - Setor de Indústria e Abastecimento (SIA), Trecho 5, Área Especial 57, Bloco A, Térreo, Brasília, Distrito Federal - CEP: 71.205-050], oportunidade em que a Agência analisará a excepcionalidade do caso e expedirá autorização ou negativa em relação à aquisição e importação pretendida.

Tratando-se de requerimento formulado à luz de regramento restritivo e excepcional, repita-se, o paciente deverá instruir o expediente com os seguintes documentos: a) prescrição médica contendo obrigatoriamente o nome do paciente, o nome comercial do medicamento, posologia, quantitativo necessário, tempo de tratamento, data, assinatura e carimbo do médico (com CRM); b) laudo médico contendo CID e nome da doença, descrição do caso, tratamentos anteriores e justificativa para a utilização de medicamento não registrado no Brasil, em comparação com as alternativas terapêuticas já existentes registradas pela ANVISA; c) termo de responsabilidade assinado pelo médico e paciente/responsável legal e preenchimento integral do formulário de solicitação de importação excepcional de medicamentos sujeitos a controle especial - preenchido e assinado pelo paciente ou responsável legal (modelos disponíveis no sítio eletrônico da Agência Nacional de Vigilância Sanitária: http://bvsms.saude.gov.br/bvs/saudelegis/svs/1998/anexo/anexosprt344_12_05_1998.pdf. Formulário de solicitação de importação excepcional de medicamentos sujeitos a controle especial: preenchido e assinado pelo paciente ou responsável legal).

Por último, cumpre salientar que o regramento supracitado não propõe a tratativa de obrigações principais e acessórias advindas da importação, especialmente aquelas relacionadas à tributação, isenções e desembaraço aduaneiro, devendo a questão ser analisada também perante a Receita Federal do Brasil para conferência sobre a hipótese de incidência e fato gerador da aquisição.

6.2.1.3 Acesso a medicamentos sem registro na Anvisa

A questão do registro na ANVISA tornou-se mais objetiva para o Judiciário brasileiro na medida em que o Superior Tribunal de Justiça determinou a afetação do assunto, tanto na esfera da saúde pública (Tema 106), quanto como na esfera da saúde suplementar (Tema 990).

No julgamento, pela sistemática do recurso repetitivo, do Resp nº 1.657.156 (Tema 106), realizado em 25/04/2018, a 1ª Seção Cível do STJ, com competência para demandas de saúde pública, assim como no julgamento dos REsp nº 1726563/

SP e REsp nº 1712163 (Tema 990), realizado em 08/11/2018, a 2ª Seção Cível do STJ, esta com competência para julgar as demandas da saúde suplementar, fixaram a tese de que inexiste obrigatoriedade de fornecer acesso a medicamentos sem registro na ANVISA, quer na esfera da saúde pública, quer na da saúde suplementar.[53]

Ocorre que no julgamento do RE nº 657718, realizado pelo Pleno do STF no dia 22/05/2019, em demanda de direito público, quanto ao acesso a medicamento sem registro na Anvisa, aquela Corte fixou a seguinte tese:

1) O Estado não pode ser obrigado a fornecer medicamentos experimentais.

2) A ausência de registro na ANVISA impede, como regra geral, o fornecimento de medicamento por decisão judicial.

3) É possível, excepcionalmente, a concessão judicial de medicamento sem registro sanitário, em caso de mora irrazoável da ANVISA em apreciar o pedido (prazo superior ao previsto na Lei 13.41/2016), quando preenchidos três requisitos:

I – A existência de pedido de registro do medicamento no Brasil, salvo no caso de medicamentos órfãos para doenças raras e ultrarras;

II – a inexistência de substituto terapêutico com registro no Brasil;

---

[53] Disponível em http://www.stj.jus.br/repetitivos/temas_repetitivos/pesquisa.jsp. Acesso em 28/03/2019.

As ações que demandem o fornecimento de medicamentos sem registro na ANVISA deverão ser necessariamente propostas em face da União.

Disso se extrai a regra de que, em princípio, não deve ser deferido acesso a medicamentos sem registro na ANVISA. Essa regra deve ser aplicada tanto na saúde pública como na suplementar.

6.3 Judicialização do acesso a produtos de saúde

Tratando-se de **saúde pública**, o art. 6º, I, "d", da Lei nº 8.080/90 assegura a "assistência terapêutica integral", de modo que não há como negar a garantia ao acesso a qualquer produto necessário para a recuperação da saúde ou para assegurar o bem estar do paciente, desde que provada a evidência científica daquilo que se pretende.

No que se refere à **saúde suplementar**, a questão de acesso aos produtos de saúde remete-se ao disposto em contrato e ao rol mínimo estabelecido pela ANS, contudo, não há como negar que deve ser assegurado o acesso a todas as tecnologias não excluídas no contrato, notadamente as que estejam amparadas em evidência científica.

6.3.1 Acesso à Órtese, prótese e materiais especiais (OPME)

Para melhor orientação em relação à questão das prescrições de órteses, próteses e materiais especiais – OPME, o Conselho Federal de Medicina publicou a Resolução nº 1.956, de 07 de outubro de 2010, para disciplinar essas prescrições[54].

---

[54] Disponível em http://www.portalmedico.org.br/resolucoes/CFM/ 2010/ 1956_2010.htm. Acesso em 25/05/2019

Na resolução nº 1956, destaca-se o exercício profissional com liberdade pelos médicos, mas a recomendação do aprimoramento de seus conhecimentos técnicos. Há o reconhecimento da evolução tecnológica, comprovada cientificamente e liberada para uso no País e, em seguida, consta que ao médico cabe a determinação das características das OPMEs (tipo, matéria-prima e dimensões) necessárias ao procedimento, devendo justificar cientificamente sua indicação, não sendo possível que o profissional exija a aquisição de um fornecedor ou marca comercial exclusivos, além de outras questões orientativas do referido CFM acerca da prescrição deste tipo de material.

Sobre a prescrição de OPMEs, o Fórum da Saúde do CNJ aprovou os enunciados nº 28 e nº 29, que tratam do tema. O enunciado 28 remete à observância da Resolução nº 1.956/2010 do CFM, enquanto o enunciado 29 ressalva a necessidade de ser observada a "eficácia, a efetividade, a segurança e os melhores níveis de evidências científicas existentes" para o acesso a esses produtos.

Diante da multiplicidade de OPMEs existentes no mercado, algumas das quais incluídas em listas do SUS ou nas relações da saúde suplementar, não há como negar que, respeitada a qualidade do produto com similares no mercado, o preço pode ser fator preponderante na escolha daquele que deva ser disponibilizado, até porque faltam mecanismos para regular a qualidade ou por eventual conflito de interesses.

Ao médico assistente do paciente cabe apenas determinar as características (tipo, matéria-prima, dimensões) das órteses, próteses e materiais especiais implantáveis, bem como o instrumental compatível, necessário e adequado à execução do procedimento, justificando clinicamente a indicação, de acordo com as práticas cientificamente reconhecidas. É vedado ao médico prescrever pelo nome do fornecedor ou a marca comercial.

Ainda de acordo com a Resolução nº 1.956/2010, julgando inadequado ou deficiente o material implantável, o médico pode recusá-lo e oferecer à operadora ou instituição pública pelo menos três marcas de produtos de fabricantes diferentes, desde que regularizados juntos à ANVISA e que atendam às características previamente especificadas, tudo documentado.

Sobre o OPMEs podem ser visitados a RN nº 428/2017, Processo-consulta nº 8077/07 e o Parecer nº 16/08 do CFM, Resolução CFM nº 1.956/2010, que tratam da matéria.

Para a saúde suplementar, além de respeitadas as recomendações do Conselho Federal de Medicina, a Lei 9.656/1998 regula as questões específicas relativas ao fornecimento de próteses e órteses para procedimentos clínicos e cirúrgicos com finalidade apenas estética, que são exceção na cobertura obrigatória. A mesma regra se aplica no fornecimento de próteses, órteses e seus acessórios que não estejam ligados ao ato cirúrgico (art. 10).

Para os contratos firmados antes da Lei 9.656/98, conhecidos como contratos não regulamentados, os Tribunais brasileiros costumam aplicar o Código de Defesa do Consumidor para analisar o caso concreto, notadamente quanto à abusividade ou não da recusa.

6.3.2 Acesso a outros produtos de saúde

Além dos medicamentos, órteses e próteses existem ainda os suplementos alimentares, os denominados nutracêuticos, que podem ser requeridos na saúde pública e, excepcionalmente na saúde suplementar.

No art. 3º da Lei Complementar 141, de 13 de janeiro de 2012, o complemento alimentar foi inserido como despesa com ações e serviços de saúde:

> II - atenção integral e universal à saúde em todos os níveis de complexidade, incluindo assistência terapêutica **e recuperação de deficiências nutricionais;**

Portanto, os complementos alimentares, indispensáveis para a garantia da saúde, como "dietas enterais" e "dietas parenterais", constituem produtos de saúde para atender ao requisito de integralidade na saúde pública, cujas regras abrangem a saúde suplementar, via de regra, no âmbito hospitalar.

6.4 Judicialização do acesso a serviços

A judicialização do acesso aos serviços de saúde ocorre quando isso *é* negado dentro das redes de atendimento regionalizadas e hierarquizadas, como previsto no art. 198 da Constituição Federal, que pode ser prestado de forma direita ou mediante participação complementar (Lei nº 8.0809/909, art. 8º) ou, ainda, através da constituição de consórcios intermunicipais (art. 9º).

Sempre que houver deficiência na rede de atendimento a esses serviços de saúde nasce o interesse jurídico para judicialização, asseverando-se a imprescindibilidade de que haja prévia provocação administrativa.

6.4.1 Prestação de serviços na saúde pública

A prestação de serviços na saúde pública deve ocorrer com a universalidade e igualdade de acesso dentro da diretriz integralidade, como previsto na Constituição Federal (art. 196 e art. 198, II) e reafirmado na pela Lei 8.080/90 (art. 7º). Esta prestação-deve iniciar e se completar na Rede de Atenção à Saúde, realizando-se através de um *"conjunto articulado e contínuo das ações e serviços preventivos e curativos, individuais e coletivos, exigidos para cada caso em todos os níveis e de complexidade do sistema"* (art. 7º, II), abrangendo *"a assistência às pessoas por intermédio de ações de promoção, proteção e recuperação da saúde, com a realização integrada das ações assistenciais e das atividades preventivas"* (art. 5º), que deve contemplar tanto a atenção preventiva e primária, quanto a **média e alta complexidade, inclusive** com a realização de exames laboratoriais necessários para o diagnóstico e tratamento.

Portanto, os serviços a serem prestados na saúde pública devem abranger a integralidade em todas as áreas, até porque *"Os níveis de saúde expressam a organização social e econômica do País, tendo a saúde como determinantes e condicionantes entre outros a alimentação a moradia, o saneamento básico, o meio ambiente, o trabalho, a renda, a educação, a atividade física, o transporte, o lazer e o acesso aos bens e serviços essenciais"* que *"se destinam a garantir às pessoas e à coletividade condições de bem-estar físico, mental e social"* (Lei 8.080/90 art. 3º).

Os serviços na saúde pública são aqueles oferecidos na rede de serviços, cabendo ao paciente ingressar através das Portas de Entrada nas ações e serviços de saúde, completando-se na rede regionalizada e hierarquizada, de acordo com a complexidade do serviço (Decreto 7.508/11, art. 8º). São portas de entrada os seguintes serviços: I - de atenção primária; II - de atenção de urgência e emergência; III - de atenção psicossocial; e IV - especiais de acesso aberto (art. 9º).

O paciente deve ser acolhido a partir da atenção primária, urgência e emergência ou na atenção psicossocial e, a partir disso, encaminhado na rede de serviços, assegurando-se ao usuário "a continuidade do cuidado em saúde, em todas as suas modalidades, nos serviços, hospitais e em outras unidades integrantes da rede de atenção da respectiva região" (Decreto 7.50890/11, art. 12), observando o que estiver acordado na pactuação das comissões intergestoras (art. 13).

Portanto, ao paciente acolhido pela porta de entrada deve ser assegurado o atendimento integral e, tratando-se de urgência ou emergência, o atendimento deve ser imediato dentro de qualquer unidade de atendimento à saúde, com o seu encaminhamento para a média e alta complexidade, se o caso.

6.4.1.1 Tratamento fora da rede da saúde pública

Quando não estiver assegurado ao usuário o acesso por meio da porta de entrada, previsto no art. 2º do Decreto 7.508/11, nasce o direito constitucional de atendimento fora da rede pública, que pode ser suprido pela legítima atuação do Poder Judiciário.

O acolhimento do paciente também deve ocorrer dentro de um prazo razoável.

Na III Jornada de Saúde do Fórum Nacional do Judiciário para a Saúde do CNJ foi aprovado o enunciado 93 com o seguinte teor:

JUDICIALIZAÇÃO DA SAÚDE   111

> 93. Nas demandas de usuários do Sistema Único de
> Saúde – SUS por acesso a ações e serviços de saúde ele-
> tivos previstos nas políticas públicas, considera-se ex-
> cessiva a espera do paciente por tempo superior a 100
> (cem) dias para consultas e exames, e de 180 (cento e
> oitenta) dias para cirurgias e tratamentos.

O referido enunciado 93 fixa paradigmas de razoabilidade quanto ao tempo de espera que possa ser considerado tolerável para acesso às ações e serviços de saúde. Nas discussões desenvolvidas na III Jornada de Saúde foi considerado que o prazo de 180 dias para o SUS realizar procedimentos ou cirurgias eletivas era mais que suficiente.

No mesmo sentido que se desenvolveram os debates na III Jornada sobre o prazo para realizar procedimentos eletivos, entendeu-se que o diagnóstico das enfermidades deveria ter prazo estabelecido, optando-se pelo prazo de 100 dias, como restou descrito no enunciado.

O enunciado 93 fixou um paradigma a partir do qual se deve considerar que o atendimento à saúde pública falhou. Aliás, na saúde suplementar, a Agência Nacional de Saúde Suplementar – ANS, na Resolução Normativa RN nº 259/2011, fixou prazos que variam de 07 a 14 dias para consultas e o prazo máximo de 21 para a realização de procedimentos eletivos de alta complexidade, portanto, bem inferiores àqueles sugeridos na Jornada para a saúde pública.

De modo que, transcorridos mais de 180 dias para procedimentos eletivos ou 100 dias para consultas e exames há uma suposta mora, nascendo o direito ao atendimento fora da rede de serviços.

No caso de urgência e emergência, o atendimento deve ser imediato, surgindo, a partir de então, o direito público subjetivo de acesso ao Poder Judiciário para ser acolhido em unidade privada de saúde às expensas do Poder Público.

6.4.2 Prestação de serviços na saúde suplementar

Considerando as especificidades de alguns serviços prestados no setor privado, que são definidos pelos contratos, de acordo com a normatização da área, destaca-se especialmente a questão dos limites geográficos e da rede contratada para atender os beneficiários, bem como suas exceções, como se verá no tópico seguinte.

6.4.2.1 Tratamento fora da rede credenciada ou da área de abrangência, na saúde suplementar

A **rede credenciada, contratada ou referenciada de serviços de saúde**, segundo a ANS, é o conjunto de profissionais e unidades de atendimento à saúde, constituído por médicos, consultórios, laboratórios, clínicas e hospitais, indicados pelas operadoras do plano de saúde para atendimento aos beneficiários. Quanto aos hospitais próprios ou credenciados, em caso de alteração na rede prestadora, a operadora deve solicitar autorização à ANS antes de proceder a alteração, notadamente observando as regras existentes na legislação. Para os demais prestadores, basta a comunicação à Agência Reguladora.

Nos casos em que haja divergência quanto ao atendimento fora da rede disponibilizada ao beneficiário, deve-se verificar se existe tratamento previsto e disponível entre as unidades próprias ou credenciadas, a fim de apurar eventual existência de deficiência técnica na rede para autorizar a livre escolha do médico assistente e do beneficiário, fora do inicialmente pactuado no contrato de prestação de serviços.

A área de abrangência aquela em que a operadora de plano de saúde contratada se compromete a garantir todas as coberturas de assistência à saúde. Ela pode ser nacional, estadual, grupo de estados, municipal ou grupo de municípios.[55]

Desta forma, a operadora deverá garantir ao beneficiário o acesso aos serviços contratados, sendo importante destacar alguns pontos, com base em informações contidas na página da ANS:

ATENDIMENTO EM CASOS ELETIVOS
(NÃO SÃO URGÊNCIA OU EMERGÊNCIA)[56]

Situação	Solução
Há prestador de serviços de saúde da rede conveniada no município onde o beneficiário está.	Esta é a situação ideal para o atendimento: você procura por um atendimento (consulta, exame, internação em hospital etc) e seu plano de saúde oferece este serviço no município onde você está. Tudo o que você precisa fazer é agendar o atendimento.

Situação	Solução

---

[55] ANS. Resolução Normativa RN nº 259, de 2011. Artigo 1º inciso I.

[56] Disponível em http://www.ans.gov.br/index.php/planos-de-saude-e-operadoras/espaco-do-consumidor/1542-situacoes-de-garantia-de-acesso-a-cobertura-assistencial Acesso em 20/03/2019.

Existe prestador de serviços de saúde no município onde o beneficiário está, mas ele está indisponível.	Quando não houver prestador credenciado disponível no município onde você está, você deve entrar em contato com a operadora de seu plano de saúde, que deverá oferecer uma das soluções abaixo: • Garantir o atendimento em prestador de serviços de saúde particular no município onde o beneficiário está: Havendo um prestador particular que possa atender, você deve entrar em contato com a operadora de seu plano de saúde e pedir autorização para ser atendido por este profissional ou estabelecimento de saúde. Após a autorização para o atendimento pela operadora, você deve ir por conta própria até este profissional ou estabelecimento. O pagamento ao profissional ou estabelecimento de saúde deverá ser feito diretamente a ele pela operadora. • Garantir o atendimento em prestador credenciado, nos municípios limítrofes : Havendo um prestador de serviços de saúde credenciado, tudo o que você precisa fazer é agendar o atendimento e ir por conta própria ao prestador. • Garantir o atendimento em prestador particular nos municípios limítrofes: Havendo um prestador particular que possa atender, você deve entrar em contato com a operadora de seu plano de saúde e pedir autorização para ser atendido por este profissional ou estabelecimento de saúde. Após a autorização para o atendimento pela operadora, você deve ir por conta própria até este profissional ou estabelecimento. O pagamento ao profissional ou estabelecimento de saúde deverá ser feito diretamente a ele pela operadora.

JUDICIALIZAÇÃO DA SAÚDE

Situação	Solução
Inexistência de prestador no município onde o beneficiário está.	Quando não houver nenhum prestador, particular ou credenciado, no município em que você está, você deve entrar em contato com a operadora de seu plano de saúde, que deverá oferecer uma das soluções abaixo:
	• Garantir o atendimento em prestador particular, nos municípios limítrofes: Havendo um prestador particular que possa atender, você deve entrar em contato com a operadora de seu plano de saúde e pedir autorização para ser atendido por este profissional ou estabelecimento de saúde. Após a autorização para o atendimento pela operadora, você deve ir por conta própria até este profissional ou estabelecimento. O pagamento ao profissional ou estabelecimento de saúde deverá ser feito diretamente a ele pela operadora.
	• Garantir o atendimento em prestador credenciado, nos municípios limítrofes: Havendo um prestador de serviços de saúde da rede conveniada, tudo o que você precisa fazer é agendar o atendimento e ir por conta própria até este profissional ou estabelecimento.
	• Garantir o atendimento em prestador credenciado, na Região de Saúde: Havendo um prestador de serviços de saúde da rede conveniada, tudo o que você precisa fazer é agendar o atendimento e ir por conta própria até este profissional ou estabelecimento.
	• Havendo um prestador particular que possa atender, você deve entrar em contato com a sua operadora e pedir autorização para ser atendido por este profissional ou estabelecimento de saúde. Após a autorização para o atendimento pela operadora, você deve ir por conta própria a este prestador. O pagamento ao profissional ou estabelecimento de saúde deverá ser feito diretamente a ele pela operadora.

ATENDIMENTO EM CASOS DE URGÊNCIA OU EMERGÊNCIA

Situação	Solução
Existe prestador credenciado disponível para atender o beneficiário no município onde ele está.	Esta é a situação ideal para o atendimento: você procura pelo atendimento em caso de urgência ou emergência e o plano de saúde oferece este serviço no município onde você está. Tudo o que você precisa fazer é procurar o atendimento, diretamente com o prestador.
Existe prestador para o atendimento de casos de urgência ou emergência no município onde o beneficiário está, mas ele está indisponível para o seu plano de saúde.	Quando não houver prestador credenciado para o atendimento de urgência e emergência disponível no município onde você está, você terá as seguintes opções: • Procurar o atendimento em prestador particular no município onde o beneficiário está: Havendo um prestador particular que possa atender, você poderá ir por conta própria a este prestador, sem necessidade de autorização prévia da operadora do plano de saúde, que deverá efetuar o pagamento diretamente ao prestador. • Procurar o atendimento em prestador credenciado nos municípios limítrofes: Havendo um profissional ou estabelecimento de saúde credenciado que possa atender, você poderá ir por conta própria a este prestador, sem necessidade de autorização prévia da operadora do plano de saúde, que deverá efetuar o pagamento diretamente ao prestador. • Procurar o atendimento em prestador particular nos municípios limítrofes: Havendo um profissional ou estabelecimento de saúde particular que possa atender, você poderá ir por conta própria, sem necessidade de autorização prévia da operadora do plano de saúde, que deverá efetuar o pagamento diretamente ao prestador.

Situação	Solução
Inexistência de prestador de serviços de urgência e emergência no município onde o beneficiário está.	Quando não houver nenhum prestador para o atendimento em caso de urgência ou emergência, particular ou credenciado, no município em que você está, você terá as seguintes opções: • Procurar o atendimento em prestador credenciado nos municípios limítrofes ou na Região de Saúde: Caso os municípios limítrofes façam parte da área de atuação (cobertura) do plano de saúde, você poderá ir por conta própria ao estabelecimento ou profissional de saúde, sem a necessidade de autorização prévia da operadora. • Procurar o atendimento em prestador particular nos municípios limítrofes ou na Região de Saúde: Caso os municípios limítrofes façam parte da área de atuação (cobertura) do plano de saúde, você poderá ir por conta própria ao estabelecimento ou profissional de saúde, sem a necessidade de autorização prévia da operadora, que deverá efetuar o pagamento diretamente ao prestador . Obs: Caso o serviço de urgência e emergência esteja localizado em município fora da área de atuação do plano de saúde do beneficiário, confira a seção Quando a Operadora deve Garantir o Transporte

6.5 Algumas demandas específicas

Existem algumas demandas específicas nos serviços de saúde que merecem destaque, tais como: a) tratamentos oncológicos; b) internações domiciliares ("home care"); c) cirurgias plásticas; d) OPME; e) internações psiquiátricas.

6.5.1 Tratamentos oncológicos

Além do que consta no item 4.12 deste manual, quanto à regulação da política nacional de oncologia, importante destacar algumas outras particularidades, dentro do contexto da judicialização.

Para que o paciente possa utilizar o serviço público de oncologia é necessário que ingresse na rede de serviços por meio da Porta de Entrada (Decreto nº 7.508/11, art. 2º, III), para que lhe seja proporcionado o atendimento integral.

Na III Jornada de saúde do Fórum Nacional da Saúde do CNJ foi aprovado o enunciado 98, que trata da necessidade de inserção na rede de atendimento: "Na oncologia não há dispensação fracionada de medicamentos no tratamento, salvo excepcionalidade descrita em relatório/laudo médico circunstanciado".

A finalidade desse enunciado é indicar que o tratamento oncológico constitui um conjunto de ações que depende de interações medicamentosas que variam de acordo com o estágio da doença, o que não permite que haja dispensação fracionada de medicamentos.

Na I Jornada de Saúde do CNJ já havia sido aprovado o enunciado nº 7, sugerindo a necessidade de inclusão do paciente na rede de serviços, com o seguinte teor:

> Sem prejuízo dos casos urgentes, visando respeitar as competências do Sistema Único de Saúde – SUS definidas em lei para o atendimento universal às demandas do setor de saúde, recomenda-se nas demandas contra o poder público nas quais se pleiteia dispensação de medicamentos ou tratamentos para o câncer, caso atendidos por médicos particulares, que os juízes determinem a

inclusão no cadastro, o acompanhamento e o tratamento junto a uma unidade Centro de Assistência de Alta Complexidade em Oncologia – CACON ou Unidade de Assistência de alta Complexidade – UNACON.

Os medicamentos ministrados para o tratamento oncológico não estão regulados na Relação Nacional de Medicamentos Essenciais - RENAME, isso tem criado certa confusão, com a afirmação usual de que, embora aprovados pela ANVISA, muitos medicamentos importantes para o tratamento do câncer não estão na lista.-

Ocorre que os medicamentos relevantes para o tratamento oncológico, de acordo com os Protocolos Clínicos e Diretrizes Terapêuticas – PCDT que tratam da oncologia, possuem regulação na Relação Nacional de Ações e Serviços de Saúde – Renases, pois o medicamento será ministrado de acordo com o estágio da doença e o nível de tratamento.

Destaca-se que há pacientes tratados por médicos e clínicas particulares que acionam o Poder Público para acesso a mediamentos oncológicos do SUS.

Também há judicialização por pacientes tratados em Centros de Alta Complexidade em Oncologia – CACON ou em Unidades de Assistência de Alta Complexidade em Oncologia – UNACON que tentam obter do Poder Público medicamentos complementares àqueles que são oferecidos nos centros de tratamento.

De acordo com a regulação, quando habilitado para tramentos oncológiocs do SUS, os CACONs e UNACONs são remunerados em conta fechada para o tipo de câncer a que o paciente está acometido, cumprindo-lhes fornecer a integralidade terapêutica, com a dispensação de todos os medicamentos.

A partir daí nasce uma questão bastante tormentosa, acerca da repsosabilidade pelo custeio de medicamentos não disponibilizados pelo CACON ou UNACON em que o paciente é tratado. A controvérsia, ainda não solucionada na jurisprudência, diz respeito à existência ou não de responsabilidade de o SUS complementar o tratamento com o pagamento de medicamentos de alto custo.

6.5.2 "Home care" (internação domiciliar)

A expressão "home care", popularmente utilizada, refere--se ao tratamento com suporte domiciliar. Para questões que envolvam a matéria é importante observar a Resolução RDC nº 11, de 26 de janeiro de 2006, da ANVISA, que dispõe sobre o regulamento técnico de funcionamento de serviços que prestam atenção domiciliar.

Nesta resolução são apresentados objetivos, definições, condições gerais para implementação do cuidado domiciliar, dentre outras orientações importantes.

Na III Jornada de Saúde do CNJ houve a revisão do enunciado nº 64, para fazer constar a referenciada regulamentação da ANVISA. Destaca-se, ainda, que o conteúdo desse enunciado esclarece a importância da participação da família no cuidado do paciente, especialmente quando este necessitar de um cuidador.

A discussão no âmbito da **saúde pública**, como visto, insere-se na universalidade de acesso e integralidade de atendimento. Caso o Poder Público não preste o atendimento domiciliar, o paciente permanecerá internado em unidade hospitalar, ou, por meio da judicialização, será imposta a disponibilização do serviço.

Em razão do princípio da igualdade (CF, art. 196), a Administração não pode prestar serviço não disponibilizado para todos. Eis uma causa que fatalmente levará à judicialização.

Quando o debate envolve as **operadoras de planos de saúde** há que se destacar que, via de regra, elas não ofertam este tipo de serviço. Existe, na página da Agência Nacional de Saúde Suplementar - ANS[57], parecer técnico esclarecendo que a Lei 9.656/98 não inclui a assistência à saúde no ambiente domiciliar entre as coberturas obrigatórias, porém, existe a garantia do fornecimento de alguns itens especificados no referido parecer, aplicado aos planos regulamentados ou adaptados.

É possível reconhecer, de acordo com o parecer da ANS, que a assistência domiciliar pode ser oferecida pelas operadoras como alternativa à internação domiciliar, devendo, para tanto, obedecer às exigências mínimas previstas na Lei 9.656, de 1998, para os planos de segmentação hospitalar, em especial o disposto nas alíneas "c", "d", "e" e "g", do inciso II, do artigo 12, da referida Lei. Ainda, não sendo tal assistência em substituição à internação hospitalar, a ANS recomenda que seja obedecida a previsão contratual ou a negociação entre as partes.

Por fim, registre-se que, para os planos firmados antes da vigência da Lei 9.656/98, a ANS recomenda que "a cobertura assistencial deve ser aquela prevista nas cláusulas contratuais acordadas entre as partes".

---

[57] ANS. Disponível em http://www.ans.gov.br/images/stories/parecer_tecnico/uploads/parecer_tecnico/_parecer_2016_04.pdf

6.5.3 Cirurgias plásticas

Na **saúde pública,** as cirurgias plásticas reparadoras incluem-se no direito de acesso universal, dentro da diretriz de integralidade, considerando-se que o art. 7º da Lei nº 8.0809/90 prevê a garantia de proporcionar as "condições de bem-estar físico, mental e social", aplicando-se as regras gerais de acesso pela porta de entrada e atendimento dentro da rede regionalizada de serviços.

Em princípio, inexiste a possibilidade de acesso a tratamento meramente estético no serviço público de saúde, embora não se possa desprezar o parágrafo único do art, 3º da Lei nº8.080/90, ao dispor que também dizem respeito à saúde as ações que garantam "às pessoas e à coletividade condições de bem-estar físico, mental e social".

Na saúde suplementar, dentre as diversas possibilidades de cirurgias plásticas existentes, inicialmente destaca-se a **cirurgia plástica de mama** e, para analisar a cobertura destas cirurgias pelos planos de saúde, deve-se observar o disposto no artigo 10-A da Lei nº 9.656, de 1998, que estabelece competir às operadoras de planos de saúde, por meio de sua rede de unidades conveniadas, prestar serviço de cirurgia plástica reconstrutiva de mama, utilizando-se de todos os meios e técnicas necessárias para o tratamento de mutilação decorrente de utilização de técnica de tratamento de câncer. Portanto, na saúde suplementar, a lei prevê apenas procedimentos reparadores.

As modalidades de plásticas mamárias, associadas ou não ao uso de próteses e/ou expansores para a reconstrução, terão sua cobertura obrigatória pelos planos de saúde, quando indicadas pelo médico assistente, para beneficiários com 1) diagnóstico de câncer de mama de acordo com exame genético; 2) probabilidade de desenvolver câncer de mama e 3) lesões traumáticas e tumores em geral (quando a sua retirada, mesmo em caráter investigativo, mutila a mama).

Cabe destacar que a reconstrução da mama oposta também é de cobertura obrigatória para os planos de saúde e está contemplada no procedimento de "MASTOPLASTIA EM MAMA OPOSTA APÓS RECONSTRUÇÃO DA CONTRALATERAL EM CASOS DE LESÕES TRAUMÁTICAS E TUMORES", indicada para beneficiárias com diagnóstico firmado em uma mama, quando o médico assistente julgar necessária a cirurgia da outra mama, mesmo que esta ainda esteja saudável. Por outro lado, o procedimento mastoplastia ou mamoplastia, para correção da hipertrofia mamária (procedimento realizado para corrigir o gigantismo mamário), não consta do Rol de Procedimentos e Eventos em Saúde. Por essa razão, em princípio, esse procedimento não possui cobertura obrigatória, embora não se possa desconsiderar que se houver outras implicações é possível reconhecer a cobertura.

Com relação ao procedimento DERMOLIPECTOMIA (cirurgia plástica para retirada de excesso de pele), listado no Anexo I da RN nº 428, de 2017, deve ser obrigatoriamente coberto por planos de segmentação hospitalar (com ou sem obstetrícia) e por planos-referência. Via de regra, a autorização da cobertura é precedida da análise das condições estipuladas na respectiva Diretriz de Utilização – DUT, que está descrita no item 18 do Anexo II.

Deve haver cobertura obrigatória em casos de pacientes que apresentem abdome em avental decorrente de grande perda ponderal (em consequência de tratamento clínico para obesidade mórbida ou pós cirúrgica de redução de estômago) e apresentem uma ou mais complicações: candidíase de repetição, infecções bacterianas devido às escoriações pelo atrito, odor fétido, hérnias, etc.

As DUTs adotadas pela ANS, em regra, indicam as características e as condições de saúde nas quais os ganhos e os resultados clínicos são mais relevantes para os pacientes, segundo a melhor literatura científica e os conceitos de Avaliação de Tecnologias em Saúde – ATS.

Com relação aos **demais procedimentos cirúrgicos**, que possuem finalidade estética, bem como as órteses e próteses destinadas ao mesmo fim, não são de cobertura obrigatória pelos planos de saúde, segundo o disposto no inciso II do art. 10 da Lei 9.656/98[58].

Na Resolução Normativa ANS nº 428, de 7 de novembro de 2017, que atualiza o Rol de Procedimentos e Eventos em Saúde da ANS, dentre as permissões de exclusão de cobertura

---

[58] Art. 10 É instituído o plano-referência de assistência à saúde, com cobertura assistencial médico-ambulatorial e hospitalar, compreendendo partos e tratamentos, realizados exclusivamente no Brasil, com padrão de enfermaria, centro de terapia intensiva, ou similar, quando necessária a internação hospitalar, das doenças listadas na Classificação Estatística Internacional de Doenças e Problemas Relacionados com a Saúde, da Organização Mundial de Saúde, respeitadas as exigências mínimas estabelecidas no art. 12 desta Lei, exceto: (...) II - procedimentos clínicos ou cirúrgicos para fins estéticos, bem como órteses e próteses para o mesmo fim; (original sem grifo)

para procedimentos clínicos ou cirúrgicos, constam aqueles com finalidade estética [59].

Por fim, registre-se que, no caso de "planos antigos", anteriores à Lei nº 9.6.56/98, não adaptados, a cobertura de cirurgia plástica deverá ser analisada conforme estabelecido no respectivo instrumento contratual.

6.5.4 Órtese, prótese e materiais especiais (OPME) importados e/ou, sem registro na ANVISA

As órteses, próteses e materiais especiais – OPMEs também dependem de registro na ANVISA.

O pedido de fornecimento de OPMEs fomenta muitas discussões no âmbito da saúde pública e suplementar. Os temas mais corriqueiros se referem à indicação de material não registrado na ANVISA, materiais importados com similar nacional ou mesmo a indicação de determinada marca em detrimento de outras existentes no mercado, inobstante o que dispõe a Resolução nº 1956/2010, a RN nº 428/17 e o parecer nº 16/08 do CFM, tratados no item 6.3.1 retro.

As discussões devem ser balizadas por evidências científicas e comprovação da superioridade de uma determinada indicação em relação à outra, que é devidamente autorizada.

Para auxiliar na compreensão deste tipo de debate, especialmente quando se discute a indicação de determinada marca, deve ser exigido do profissional a descrição técnica, ou seja, que o médico determine as características necessárias (tipo,

---

[59] ANS. Resolução Normativa nº 428, de 7 de novembro de 2017. Art. 20, §1º inciso II.

matéria-prima, dimensões) das OPMEs, observado o disposto na Resolução do CFM nº 1.956/2010, que disciplina a prescrição deste tipo de material. Por fim, é pertinente também que as normas da ANS, que auxiliam na tratativa destes casos, sejam observadas, respeitando-se sempre a liberdade profissional do médico no exercício do seu ofício.

Em princípio, deve prevalecer a OPME que é disponibilizada pelo SUS ou pela operadora de saúde, salvo se provada a ausência de eficiência para o paciente.

6.5.5 Internações psiquiátricas

A política de saúde mental está regulada pela Lei nº 10216, de 06 de abril de 2001, e está mais bem detalhada no item 4.13 deste manual.

As internações psiquiátricas podem ser **voluntárias**, a pedido do paciente, **involuntárias** por determinação médica, quando o paciente estiver em surto, oferecendo risco para si ou par a coletividade. Por fim, podem ser também **compulsórias,** quando emanar de decisão do Poder Judiciário.

Costuma haver confusão entre a internação compulsória e o pedido de vaga. A internação compulsória somente se justifica quando o paciente oferecer risco à segurança, própria ou de terceiros, contudo, essa deveria ser ordenada pelo médico assistente, haja vista que a ordem judicial de internação judicial deve ser expedida mediante relatório médico circunstanciado que justifique a medida.

Acerca das internações psiquiátricas foram aprovados dois enunciados nas Jornadas de Saúde do CNJ.

JUDICIALIZAÇÃO DA SAÚDE

O enunciado nº 01 está alinhado à política de desinstitu-cionalização, sugerindo as internações pelo menor tempo necessário, como meio de proteção das pessoas com transtornos mentais ou químico-dependentes, defendida pela Organização Pan-Americana de Saúde – OPAS, com a substituição das internações por tratamentos clínicos.-

Então, este enunciado estabelece que os efeitos das internações cessam com a alta concedida pelo médico assistente na instituição de saúde. Há valorização da autoridade do médico para a desinternação dos pacientes, independente de ordem judicial específica, desde que comunicada imediatamente ao magistrado. Isso evita as internações desnecessárias, afirmando a competência e autoridade do médico para avaliar esta questão, eis que as internações dos pacientes devem ocorrer em caráter excepcional, quando houver absoluta impossibilidade de convívio familiar ou social. Aliás, qualquer ato judicial de internação e de desinternação dependerá de manifestação médica, razão pela qual deve ser prestigiada a liberdade de ir e vir do paciente quando essa for a conclusão técncia do médico.

Outro enunciado aprovado dentro da temática das internações psiquiátricas foi o nº 102, o qual dispõe que *"Em caso de drogadição ou transtorno mental, deve ser dada prioridade aos serviços comunitários de saúde mental em detrimento das internações (Lei 10.216/2001)"*.

O objetivo é proteger o respeito à dignidade das pessoas com transtornos mentais, alterando a visão hospitalocêntrica e sugerindo-se tratamento diverso da mera segregação com a internação, que deve ser reservada para os casos em que se faça efetivamente necessária.

Assim, com o intuito de desinstitucionalizar a pessoa com sofrimento mental, a reforma psiquiátrica de 2001 criou projetos de serviços substitutivos ao hospital psiquiátrico, como os Centros de Atenção Psicossocial (CAPS) e os Centros de Atenção Psicossocial de Álcool e Drogas – CAPSAD, as residências terapêuticas e leitos psiquiátricos em hospitais gerais.

A internação somente será indicada quando os recursos extra-hospitalares se mostrarem insuficientes (Lei nº 10.216/2001, art. 4º) e o tratamento visará a reinserção social do paciente em seu meio (§ 1º). Há vedação da internação de pacientes portadores de transtornos mentais em instituições com características asilares (§ 3°), que não possuam estrutura de modo a oferecer assistência integral e que não assegurem aos pacientes os direitos enumerados no parágrafo único do art. 2º.

Nos casos em que a internação se faça necessária, a lei exige a elaboração de laudo médico circunstanciado que caracterize os seus motivos (artigo 6º).

Em síntese, o enunciado 102 do CNJ visa dar cumprimento à lei, esclarecendo que a internação psiquiátrica deve ser a última alternativa, devendo antes ser buscado tratamento adequando na Rede de Atenção Psicossocial (RAPS). Material de apoio: http://portalms.saude.gov.br/saude-de-a-z/ saude-mental.

À **discussão no âmbito privado**, quando se refere à cobertura para tratamentos de transtornos psiquiátricos, a normativa aplicável é o rol de procedimentos e eventos em saúde vigente (atualmente, a Resolução Normativa nº 428/2017), para os contratos pactuados na vigência da Lei 9.656/98 ou adaptados.

De acordo com a RN ANS 428 referida, a forma de cobrança de coparticipação psiquiátrica ocorrerá *(i)* somente quando ultrapassados os 30 dias de internação contínuos ou não, nos 12 meses de vigência do contrato e *(ii)* a coparticipação poderá ser crescente ou não, estando limitada a 50% (cinquenta por cento) do valor contratado entre a operadora e o prestador de serviços.

Os critérios de coparticipação poderão ser aplicados aos contratos regulamentados pela Lei 9.656/98 e aos adaptados. Para os planos não regulamentados pela referida Resolução, são observadas, via de regra, as disposições previstas no contrato celebrado com os consumidores.

Ademais, a respeito da cobrança de copartipação decorrente das internações psiquiátricas, em caso judicializado, o Superior Tribunal de Justiça[60] enfrentou a questão relativa à referida cobrança e reconheceu a validade e a inexistência de abusividade por parte da operadora privada, uma vez que, no caso concreto, ficou demonstrada a regularidade do percentual aplicado e, ainda, a inexistência de óbice à prestação de serviço (STJ. AREsp nº 1.117.935-RJ. Relatora Ministra Maria Isabel Gallotti. DJe: 10/10/2017).

6.5.6 Outros tratamentos e a internação em clínicas especializadas

Para a atenção prestada aos portadores de transtornos mentais na **saúde suplementar, incluindo os tratamentos para dependência química e as lesões auto-infligidas**, o Rol

---

[60] STJ. AREsp nº 1.117.935-RJ. Relatora Ministra Maria Isabel Gallotti. DJe: 10/10/2017.

da ANS estabelece que deverá ser priorizado o atendimento ambulatorial e em consultórios, utilizando a internação psiquiátrica apenas como último recurso terapêutico e sempre que houver indicação do médico assistente.

Este tratamento de priorização do atendimento ambulatorial está em consonância com as disposições previstas na Lei 10.216/2001, para a proteção dos direitos das pessoas portadoras de transtornos mentais, redirecionando o modelo assistencial em saúde mental, destacando-se como prioritários: *(i)* o tratamento através dos meios menos invasivos o possível, preferencialmente, em serviços comunitários de saúde mental (ambulatórios, consultórios, serviços de atenção diária) e *(ii)* o tratamento, em qualquer de suas modalidades, tendo como finalidade permanente a reinserção social do paciente em seu meio.

Assim, a operadora do plano de saúde, em cumprimento às referidas legislações, deverá prover aos pacientes psiquiátricos rede de atendimento com resolutividade para internações psiquiátricas, bem como o tratamento em âmbito ambulatorial, observando sempre a indicação do médico assistente para o melhor e mais adequado tratamento do transtorno mental.

Com relação aos **casos para o tratamento de rejuvenescimento ou de emagrecimento**, com a finalidade estética, a Lei 9.656/98 exclui a obrigatoriedade deste tipo de cobertura (art. 10, IV).

Para a demanda específica de emagrecimento, cujo diagnostico, poderá ser obesidade mórbida, as operadoras de planos de saúde prestam a assistência médica – através de profissionais e rede conveniada, contratada ou referenciada –, conforme recomendação médica e em consonância com os critérios estabelecidos pelas normativas da ANS. Cumpre ressaltar que, para estes casos, as diretrizes da Resolução do Conselho Federal de Medicina nº 1.942, de 2010, também devem ser observadas.

Sendo assim, em quaisquer dos tratamentos acima listados – dependência química e outros transtornos mentais ou emagrecimento – as operadoras privadas, em regra, não oferecem cobertura para tratamento em clínicas de recuperação/reabilitação, centros terapêuticos, SPAs ou outros estabelecimentos que não fizerem parte da rede contratada.

7
JUDICIALIZAÇÃO DA SAÚDE

Em razão do crescimento das demandas de saúde, por iniciativa do Supremo Tribunal Federal – STF e do Conselho Nacional de Justiça – CNJ, foram adotadas diversas medidas de aperfeiçoamento das demandas judiciais, tais como a realização de audiência pública, criação do Fórum Nacional do Judiciário para a Saúde, a realização de encontros nacionais e jornadas de saúde, tudo com a finalidade de proporcionar o aperfeiçoamento das demandas de saúde.

7.1 Ações do CNJ

Em razão do elevado número de demandas para o acesso à saúde somado às dificuldades de compreensão da complexa regulação do Sistema Único de Saúde – SUS, o Supremo Tribunal Federal – STF realizou, nos dias 27, 28 e 29 de abril e dias 04, 06 e 07 de maio de 2009, a Audiência Pública nº 04, referenciada na introdução deste manual.

No despacho do Ministro Gilmar Mendes, para a convocação da referida audiência pública de 5 de março de 2009, consignou-se o intuito de:

ouvir o depoimento de pessoas com experiência e autoridade em matéria de Sistema Único de Saúde, objetivando esclarecer as questões técnicas, científicas, administrativas, políticas, econômicas e jurídicas relativas às ações de prestação de saúde, tais como:

1) Responsabilidade dos entes da federação em matéria de direito à saúde;

2) Obrigação do Estado de fornecer prestação de saúde prescrita por médico não pertencente ao quadro do SUS ou sem que o pedido tenha sido feito previamente à Administração Pública;

3) Obrigação do Estado de custear prestações de saúde não abrangidas pelas políticas públicas existentes;

4) Obrigação do Estado de disponibilizar medicamentos ou tratamentos experimentais não registrados na ANVISA ou não aconselhados pelos Protocolos Clínicos do SUS;

5) Obrigação do Estado de fornecer medicamento não licitado e não previsto nas listas do SUS;

6) Fraudes ao Sistema Único de Saúde.

Naquela audiência pública, que visava colher subsídios úteis para o julgamento da Suspensão de Tutela Antecipada – STF nº 175-CE, que acabou sendo julgada em 17 de março de 2010, foram ouvidos 50 especialistas, entre advogados, defensores públicos, promotores e procuradores de justiça, magistrados, professores, médicos, técnicos de saúde, gestores e usuários do sistema único de saúde.

Observando a necessidade de um debate constante sobre o direito à saúde, instituiu-se, no âmbito do CNJ, o Fórum

Nacional do Judiciário para a Saúde, por meio da Resolução CNJ nº 107, de 06 de abril de 2010.

O CNJ também editou a Recomendação CNJ nº 31, de 30 de março de 2010, sugerindo aos tribunais a adoção de medidas para melhor subsidiar os magistrados e demais operadores do direito, para propiciar maior qualidade técnica e eficiência na solução das demandas judiciais envolvendo a assistência à saúde.

No ano de 2011, o CNJ editou a Recomendação CNJ nº 36, de 12 de julho de 2011, que ampliou sua área de atuação do Fórum, incluindo nos debates a saúde suplementar, na qual se inserem discussões das relações de consumo.

7.2 Fórum da Saúde

Como apontado, no ano de 2010 foi aprovada a Resolução CNJ nº 107/2010, criando o Fórum Nacional do Judiciário para o Monitoramento e Resolução das Demandas de Assistência à Saúde, com o objetivo de elaborar estudos e propor medidas concretas e normativas para o aperfeiçoamento de procedimentos, reforço à efetividade dos processos judiciais e à prevenção de novos conflitos. Este Fórum Nacional é consituído por um Comitê Executivo Nacional e Comitês Estaduais, tendo competência específica para:

> Art. 2º Caberá ao Fórum Nacional:
>
> I - o monitoramento das ações judiciais que envolvam prestações de assistência à saúde, como o fornecimento de medicamentos, produtos ou insumos em geral, tratamentos e disponibilização de leitos hospitalares;

II - o monitoramento das ações judiciais relativas ao Sistema Único de Saúde;

III - a proposição de medidas concretas e normativas voltadas à otimização de rotinas processuais, à organização e estruturação de unidades judiciárias especializadas;

IV - a proposição de medidas concretas e normativas voltadas à prevenção de conflitos judiciais e à definição de estratégias nas questões de direito sanitário;

V - o estudo e a proposição de outras medidas consideradas pertinentes ao cumprimento do objetivo do Fórum Nacional.

Aos Comitês Executivos Estaduais, criados em todos os Estados e com a mesma função do Comitê Nacional, foi atribuída competência, especialmente para coordenar e executar as ações de natureza específica, que forem consideradas relevantes, visando promover o debate para buscar medidas de aperfeiçoamento e maior efetividade às demandas judiciais, a fim de evitar a judicialização desnecessária e monitoriar as ações judiciais na área de saúde.

Por meio da Resolução CNJ nº 238, de 06 de maio de 2016, foi reafirmada a necessidade de serem criados Comitês Estaduais em todos os Tribunais Estaduais e Tribunais Regionais Federais, com a atribuição de auxiliar os tribunais na criação de Núcleos de Apoio Técnico do Judiciário (NAT-JUS), constituído de profissionais da Saúde, para elaborar pareceres técnicos fundados em medicina baseada em evidência.

Além de encontros nacionais, o Fórum Nacional do Judiciário para a Saúde realizou, nos dias 14 e 15 de maio de

2014, nos dias 18 e 19 de maio de 2015 e nos dias 18 e 19 de março de 2019, na cidade de São Paulo/SP, três Jornadas de Saúde, nas quais foram aprovados 103 enunciados.

Os Comitês Estaduais de Saúde tiveram importante participação na realização das três Jornadas de Saúde.

7.3 Núcleos de Apoio Técnico

Os Estados da Federação criaram Núcleos de Apoio Técnico - NATS para apoiar os magistrados nas demandas de saúde.

No ano de 2012, o Tribunal de Justiça de Minas Gerais celebrou termo de cooperação com o Estado de Minas Gerais e o Hospital das Clínicas de Minas Gerais – HC/MG para possibilitar aos magistrados, com atuação em demandas de saúde pública, que, antes de decidir as medidas liminares, tivessem acesso por meio eletrônico a pareceres e notas técnicos sobre a evidência científica das tecnologias de saúde que eram objeto das demandas judicializadas.

Essa parceria também foi celebrada no ano de 2014, para possibilitar aos magistrados que atuavam em demandas de saúde suplementar que obtivessem o mesmo acesso a notas técnicas sobre a evidência científica, nos casos sob sua condução.

A partir da elaboração de notas técnicas foi constituído um banco de dados com os pareceres, notas e respostas técnicas produzidas, disponíveis em: **https://bd.tjmg.jus.br/jspui/handle/tjmg/7731**.

Destaca-se, por fim, que o Conselho Nacional de Justiça – CNJ, também no intuito de promover os melhores subsídios técnicos para os magistrados brasileiros, celebrou parceria com o Ministério da Saúde, o Hospital Sírio Libanês e o Hospital Albert Einstein, instituindo a plataforma do e-NatJus, com a finalidade de prestar apoio técnico aos NatJus dos Tribunas Estaduais e Tribunais Regionais Federais.

Através do Projeto eNatJus do CNJ, também foi criado um banco de dados de acesso público de pareceres e notas técnicas produzidas, que pode ser acessado por meio do seguinte link: **<http://www.cnj.jus.br/e-natjus/controlador. php?acao=base_conhecimento_publica_pesquisar&acao_ secundaria=acesso_publico>**

7.4 Enunciados do CNJ sobre direito à saúde

Nas três Jornadas de Saúde produzidas nos anos de 2014, 2015 e 2019 foram aprovados 103 enunciados. Após a última revisão, realizada na III Jornada, continuam em vigor 92 enunciados, que trazem orientações aos magistrados sobre as melhores práticas para o aperfeiçoamento das demandas de saúde (http://www.cnj.jus.br/files/conteudo/arquivo/2019/03/ e8661c101b2d80ec95593d03dc1f1d3e.pdf).

Os enunciados são um importante instrumento de orientação dos operadores do direito, propiciando a criação de maior segurança jurídica nas demandas de saúde.

8
JURISPRUDÊNCIA DOS TRIBUNAIS SUPERIORES

Neste tópico de jurisprudência serão incluídos, num primeiro momento, os principais precedentes jurisprudenciais dos Tribunais Superiores (STF e STJ) que tratam do direito à saúde.

A) Efeito concreto e eficácia plena do direito constitucional à saúde

A decisão proferida pelo **STF**, em 19.09.2000, no julgamento do Agravo Regimental RE 271286, relatado pelo Ministro Celso de Mello, foi paradigmática no reconhecimento de que o direito à saúde, contemplado na Constituição Federal, é de efeito concreto e de eficácia plena.

A ementa tem o seguinte teor:

> E M E N T A: PACIENTE COM HIV/AIDS - PESSOA DESTITUÍDA DE RECURSOS FINANCEIROS - DIREITO À VIDA E À SAÚDE - FORNECIMENTO GRATUITO DE MEDICAMENTOS - DEVER CONSTITUCIONAL DO PODER PÚBLICO (CF,

ARTS. 5º, CAPUT, E 196) - PRECEDENTES (STF) - RECURSO DE AGRAVO IMPROVIDO. O DIREITO À SAÚDE REPRESENTA CONSEQÜÊNCIA CONSTITUCIONAL INDISSOCIÁVEL DO DIREITO À VIDA. - O direito público subjetivo à saúde representa prerrogativa jurídica indisponível assegurada à generalidade das pessoas pela própria Constituição da República (art. 196). Traduz bem jurídico constitucionalmente tutelado, por cuja integridade deve velar, de maneira responsável, o Poder Público, a quem incumbe formular - e implementar - políticas sociais e econômicas idôneas que visem a garantir, aos cidadãos, inclusive àqueles portadores do vírus HIV, o acesso universal e igualitário à assistência farmacêutica e médico-hospitalar. - O direito à saúde - além de qualificar-se como direito fundamental que assiste a todas as pessoas - representa conseqüência constitucional indissociável do direito à vida. O Poder Público, qualquer que seja a esfera institucional de sua atuação no plano da organização federativa brasileira, não pode mostrar-se indiferente ao problema da saúde da população, sob pena de incidir, ainda que por censurável omissão, em grave comportamento inconstitucional. A INTERPRETAÇÃO DA NORMA PROGRAMÁTICA NÃO PODE TRANSFORMÁ- LA EM PROMESSA CONSTITUCIONAL INCONSEQÜENTE. – O caráter programático da regra inscrita no art. 196 da Carta Política - que tem por destinatários todos os entes políticos que compõem, no plano institucional, a organização federativa do Estado brasileiro - não pode converter-se em promessa constitucional inconseqüente, sob pena de o Poder Público, fraudando justas expectativas nele depositadas pela coletividade, substituir, de maneira ilegítima, o cumprimento de seu impostergável dever, por um gesto irresponsável de infidelidade governamental ao que determina a própria Lei Fundamental do Estado. DISTRIBUIÇÃO GRATUITA DE MEDICAMENTOS A PESSOAS CARENTES. - O reconhecimento judicial da validade jurídica de programas de distribuição gratuita de medicamentos a pessoas carentes, inclusive àquelas portadoras do vírus HIV/AIDS, dá efetividade a preceitos fundamentais da Constituição da República (arts. 5º, caput, e 196) e representa, na concreção do seu alcance, um gesto reverente e solidário de apreço à vida e à saúde das pessoas, especialmente daquelas que nada têm e nada possuem, a não ser a consciência de sua própria humanidade e de sua essencial dignidade. Precedentes do STF. **(RE 271286 AgR/RS, Rel. Min. CELSO DE MELLO, Julgamento 12/09/2000, Segunda Turma,** DJ 24/11/2000, PP-00101 EMENT VOL-02013-07 PP-01409)

A tese foi reafirmada em 12.02.2006 pelo **STF**, no julgamento do RE 393175 AgR/RS, também relatado pelo Ministro Celso de Mello, sendo paradigmática no reconhecimento de que o direito à saúde contemplado na Constituição Federal é de efeito concreto e de eficácia plena, com o seguinte teor:

E M E N T A: PACIENTES COM ESQUIZOFRENIA PARANÓIDE E DOENÇA MANÍACO-DEPRESSIVA CRÔNICA, COM EPISÓDIOS DE TENTATIVA DE SUICÍDIO - PESSOAS DESTITUÍDAS DE RECURSOS FINANCEIROS - DIREITO À VIDA

E À SAÚDE - NECESSIDADE IMPERIOSA DE SE PRESERVAR, POR RAZÕES DE CARÁTER ÉTICO-JURÍDICO, A INTEGRIDADE DESSE DIREITO ESSENCIAL - FORNECIMENTO GRATUITO DE MEDICAMENTOS INDISPENSÁVEIS EM FAVOR DE PESSOAS CARENTES - DEVER CONSTITUCIONAL DO ESTADO (CF, ARTS. 5º, "CAPUT", E 196) - PRECEDENTES (STF) - ABUSO DO DIREITO DE RECORRER - IMPOSIÇÃO DE MULTA - RECURSO DE AGRAVO IMPROVIDO. O DIREITO À SAÚDE REPRESENTA CONSEQÜÊNCIA CONSTITUCIONAL INDISSOCIÁVEL DO DIREITO À VIDA. - O direito público subjetivo à saúde representa prerrogativa jurídica indisponível assegurada à generalidade das pessoas pela própria Constituição da República (art. 196). Traduz bem jurídico constitucionalmente tutelado, por cuja integridade deve velar, de maneira responsável, o Poder Público, a quem incumbe formular - e implementar - políticas sociais e econômicas idôneas que visem a garantir, aos cidadãos, o acesso universal e igualitário à assistência farmacêutica e médico-hospitalar. - O direito à saúde - além de qualificar-se como direito fundamental que assiste a todas as pessoas - representa conseqüência constitucional indissociável do direito à vida. O Poder Público, qualquer que seja a esfera institucional de sua atuação no plano da organização federativa brasileira, não pode mostrar-se indiferente ao problema da saúde da população, sob pena de incidir, ainda que por censurável omissão, em grave comportamento inconstitucional. A INTERPRETAÇÃO DA NORMA PROGRAMÁTICA

NÃO PODE TRANSFORMÁ-LA EM PROMESSA CONSTITUCIONAL INCONSEQÜENTE. - O caráter programático da regra inscrita no art. 196 da Carta Política - que tem por destinatários todos os entes políticos que compõem, no plano institucional, a organização federativa do Estado brasileiro - não pode converter-se em promessa constitucional inconseqüente, sob pena de o Poder Público, fraudando justas expectativas nele depositadas pela coletividade, substituir, de maneira ilegítima, o cumprimento de seu impostergável dever, por um gesto irresponsável de infidelidade governamental ao que determina a própria Lei Fundamental do Estado. DISTRIBUIÇÃO GRATUITA, A PESSOAS CARENTES, DE MEDICAMENTOS ESSENCIAIS À PRESERVAÇÃO DE SUA VIDA E/OU DE SUA SAÚDE: UM DEVER CONSTITUCIONAL QUE O ESTADO NÃO PODE DEIXAR DE CUMPRIR. - O reconhecimento judicial da validade jurídica de programas de distribuição gratuita de medicamentos a pessoas carentes dá efetividade a preceitos fundamentais da Constituição da República (arts. 5º, "caput", e 196) e representa, na concreção do seu alcance, um gesto reverente e solidário de apreço à vida e à saúde das pessoas, especialmente daquelas que nada têm e nada possuem, a não ser a consciência de sua própria humanidade e de sua essencial dignidade. Precedentes do STF. MULTA E EXERCÍCIO ABUSIVO DO DIREITO DE RECORRER. - O abuso do direito de recorrer - por qualificar-se como prática incompatível com o postulado ético-jurídico da lealdade processual - constitui ato de litigância maliciosa repelido pelo ordenamento

positivo, especialmente nos casos em que a parte inter-
põe recurso com intuito evidentemente protelatório,
hipótese em que se legitima a imposição de multa. A
multa a que se refere o art. 557, § 2º, do CPC possui
função inibitória, pois visa a impedir o exercício abusivo do direito de recorrer e a obstar a indevida utilização do processo como instrumento de retardamen-
to da solução jurisdicional do conflito de interesses.
Precedentes. (RE 393175 AgR/RS, Rel. Min. CELSO
DE MELLO, Julgamento: 12/12/2006, Órgão Julgador
Segunda Turma, DJ 02/02/2007 PP-00140 EMENT
VOL-02262-08 PP-01524).

Ocorre que a intervenção do Poder Judiciário na saúde
pública, determinando o fornecimento de medicamentos, produtos, bem como a realização de procedimentos não previstos,
acaba causando impacto nos gastos.

B) O acesso a medicamentos excepcionais e de alto custo

No julgamento da STA nº 175/CE, em Agravo Regimental,
relatado pelo Ministro Gilmar Mendes, julgado em 17/03/2010,
que foi precedido da Audiência Pública nº 04, realizada em
maio de junho de 2009, o Pleno do **STF** afirmou a responsabilidade solidária e a obrigação de serem fornecidos fármacos
não incluídos em políticas públicas.

O julgado possui a seguinte ementa:

Suspensão de Segurança. Agravo Regimental. Saúde
Pública. Direitos fundamentais sociais. Art. 196 da
Constituição. Audiência Pública. Sistema Único
de Saúde- SUS. Políticas públicas. Judicialização do direito à saúde. Separação de poderes. Parâmetros para

solução judicial dos casos concretos que envolvem direito à saúde. Responsabilidade solidária dos entes da Federação em matéria de saúde. Fornecimento de medicamento: Zavesca (miglustat). Fármaco registrado na ANVISA. Não comprovação de grave lesão à ordem, à economia, à saúde e à segurança públicas. Possibilidade de ocorrência de dano inverso. Agravo regimental a que se nega provimento. (STA 175 AgR/CE, Rel. Min. GILMAR MENDES (Presidente), Julgamento 17.03.2010, Tribunal Pleno, Publicação DJe-076 DIVULG 29/04/2010, PUBLIC 30/04/2010, EMENT VOL-02399-01, PP-00070)

C) A solidariedade nas ações de saúde

No dia 05/03/2015, sob relatoria do Ministro Luiz Fux, o **STF** julgou o RE nº 855178 RG/SE, em repercussão geral (Tema 793), na qual reafirmou a responsabilidade solidária dos entes federados nas ações de saúde.

O julgado possui a seguinte ementa:

RECURSO EXTRAORDINÁRIO. CONSTITUCIONAL E ADMINISTRATIVO. DIREITO À SAÚDE. TRATAMENTO MÉDICO. RESPONSABILIDADE SOLIDÁRIA DOS ENTES FEDERADOS. REPERCUSSÃO GERAL RECONHECIDA. REAFIRMAÇÃO DE JURISPRUDÊNCIA. O tratamento médico adequado aos necessitados se insere no rol dos deveres do Estado, porquanto responsabilidade solidária dos entes federados. O polo passivo pode ser composto por qualquer um deles, isoladamente, ou conjuntamente. (RE 855178 RG/SE, Rel. Min. LUIZ FUX,

Julgamento 05/03/2015, Tribunal Pleno, Publicação DJe-050 DIVULG 13/03/2015, PUBLIC 16/03/2015)

Contra este julgamento foram interpostos embargos declaratórios, acolhidos parcialmente em julgamento realizado em 23/05/2019, no qual foi fixada a seguinte tese:

> "Os entes da federação, em decorrência da competência comum, são solidariamente responsáveis nas demandas prestacionais na área da saúde e, diante dos critérios constitucionais de descentralização e hierarquização, compete à autoridade judicial direcionar o cumprimento conforme as regras de repartição de competências e determinar o ressarcimento a quem suportou o ônus financeiro".

D) Medicamento sem registro na ANVISA

O Pleno do Supremo Tribunal Federal – **STF** decidiu, no dia 22/05/2019, o Recurso Extraordinário 657718/MG, da relatoria do Ministro Marco Aurélio, afastando o fornecimento de medicamento não registrado na ANVISA.

Embora tenha sido reconhecida a repercussão geral ao Extraordinário (Tema 500), nessa demanda foi julgada apenas a ação individual e, por maioria de votos, aquela Corte firmou o entendimento de que o Estado não pode ser obrigado a fornecer medicamento experimental ou sem registro na Agência Nacional de Vigilância Sanitária – ANVISA, salvo em casos excepcionais. Ainda foi estabelecido que as demandas para acesso a medicamentos sem registro na ANVISA devem ser propostas em face da União.

Na data de elaboração deste manual, o acórdão ainda não havia sido publicado, contudo, extrai-se do resultado do julgamento que o Plenário do STF fixou a seguinte tese:

1) O Estado não pode ser obrigado a fornecer medicamentos experimentais.

2) A ausência de registro na Anvisa impede, como regra geral, o fornecimento de medicamento por decisão judicial.

3) É possível, excepcionalmente, a concessão judicial de medicamento sem registro sanitário, em caso de mora irrazoável da Anvisa em apreciar o pedido (prazo superior ao previsto na Lei 13.411/2016), quando preenchidos três requisitos:

I – a existência de pedido de registro do medicamento no Brasil, salvo no caso de medicamentos órfãos para doenças raras e ultrarraras;

II – a existência de registro do medicamento em renomadas agências de regulação no exterior;

III – a inexistência de substituto terapêutico com registro no Brasil.

4) As ações que demandem o fornecimento de medicamentos sem registro na Anvisa deverão ser necessariamente propostas em face da União.

Sobre a necessidade de registro na ANVISA, a Primeira Seção Cível do Superior Tribunal de Justiça – **STJ** proferiu decisão, em 25/04/2018, no julgamento Resp n° 1.657.156, Rel. Ministro Benedito Gonçalves, em Recurso Repetitivo (Tema 106), de que existe obrigatoriedade de fornecer medicamento não incorporado nas políticas públicas, exigindo a comprovação de alguns requisitos, desde que provada a absoluta necessidade, hipossuficiência, e desde que haja registro ANVISA, ainda afastando o fornecimento de medicamento para utilização "off label" (fora de bula). Além disso, no julgamento dos embargos declaratório, no dia 12/09/2018, o STJ modulou os efeitos da decisão a partir de 05/05/2018.

A tese fixada foi a seguinte:

> A concessão dos medicamentos não incorporados em atos normativos do SUS exige a presença cumulativa dos seguintes requisitos: (i) Comprovação, por meio de laudo médico fundamentado e circunstanciado expedido por médico que assiste o paciente, da imprescindibilidade ou necessidade do medicamento, assim como da ineficácia, para o tratamento da moléstia, dos fármacos fornecidos pelo SUS; (ii) incapacidade financeira de arcar com o custo do medicamento prescrito; (iii) existência de registro na ANVISA do medicamento.

Ao decidir os embargos declaratórios, ficou consignado que a necessidade de registro na ANVISA impedia o fornecimento de medicamento *off label*, salvo autorização daquela Agência.

> EMENTA: PROCESSUAL CIVIL. EMBARGOS DE DECLARAÇÃO NO RECURSO ESPECIAL. ESTADO DO RIO DE JANEIRO. RECURSO ESPECIAL JULGADO SOB A SISTEMÁTICA DOS RECURSOS REPETITIVOS. TEMA 106. OBRIGATORIEDADE DO PODER PÚBLICO DE FORNECER MEDICAMENTOS NÃO INCORPORADOS EM ATOS NORMATIVOS DO SUS. ART. 1.022 DO

CPC/2015. AUSÊNCIA DE VÍCIOS. NECESSIDADE DE ESCLARECIMENTO. VEDAÇÃO DE FORNECIMENTO DE MEDICAMENTO PARA USO OFF LABEL. 1. Nos termos do que dispõe o artigo 1.022 do CPC/2015, cabem embargos de declaração contra qualquer decisão judicial para esclarecer obscuridade, eliminar contradição, suprir omissão de ponto ou questão sobre a qual devia se pronunciar o juiz de ofício ou a requerimento, bem como para corrigir erro material. 2. Não cabe ao STJ definir os elementos constantes do laudo médico a ser apresentado pela parte autora. Incumbe ao julgador nas instâncias ordinárias, no caso concreto, verificar se as informações constantes do laudo médico são suficientes à formação de seu convencimento. 3. Da mesma forma, cabe ao julgador avaliar, a partir dos elementos de prova juntados pelas partes, a alegada ineficácia do medicamento fornecido pelo SUS decidindo se, com a utilização do medicamento pedido, poderá haver ou não uma melhoria na resposta terapêutica que justifique a concessão do medicamento. 4. A pretensão de inserir requisito diverso dos fixados no acórdão embargado para a concessão de medicamento não é possível na via dos aclaratórios, pois revela-se como mero inconformismo e busca de rejulgamento da matéria. 5. No caso dos autos, faz-se necessário tão somente esclarecer que o requisito do registro na ANVISA afasta a possibilidade de fornecimento de medicamento para uso off label, salvo caso autorizado pela ANVISA. 6. Embargos de Declaração acolhidos parcialmente, sem efeitos infringentes, para esclarecer que onde se lê: "existência de registro na ANVISA do medicamento", leia-se: "existência de registro do medicamento na ANVISA, observados os usos autorizados pela agência" (EDcl no RECURSO ESPECIAL Nº 1.657.156 - RJ)

E) Registro na ANVISA – Saúde Suplementar

O tema atinente ao fornecimento de medicamento não registrado na ANVISA também foi objeto de análise na esfera da saúde suplementar e, no dia 24/10/2018, a Segunda Seção Cível do **STJ** também decidiu que as operadoras de plano de saúde não são obrigadas a fornecer medicamento sem registro.

O julgado está assim ementado:

> RECURSO ESPECIAL. RITO DOS RECURSOS ESPECIAIS REPETITIVOS. PLANO DE SAÚDE. CONTROVÉRSIA ACERCA DA OBRIGATORIEDADE DE FORNECIMENTO DE MEDICAMENTO NÃO REGISTRADO PELA ANVISA. 1. Para efeitos do art. 1.040 do NCPC: 1.1. **As operadoras de plano de saúde não estão obrigadas a fornecer medicamento não registrado pela ANVISA.** 2. Aplicação ao caso concreto: 2.1. Não há ofensa ao art. 535 do CPC/73 quando o Tribunal de origem enfrenta todas as questões postas, não havendo no acórdão recorrido omissão, contradição ou obscuridade. 2.2. É legítima a recusa da operadora de plano de saúde em custear medicamento importado, não nacionalizado, sem o devido registro pela ANVISA, em atenção ao disposto no art. 10, V, da Lei nº 9.656/98, sob pena de afronta aos arts. 66 da Lei nº 6.360/76 e 10, V, da Lei nº 6.437/76. Incidência da Recomendação nº 31/2010 do CNJ e dos Enunciados nº 6 e 26, ambos da I Jornada de Direito

da Saúde, respectivamente, *A determinação judicial de fornecimento de fármacos deve evitar os medicamentos ainda não registrados na Anvisa, ou em fase experimental, ressalvadas as exceções expressamente previstas em lei*; e, *É lícita a exclusão de cobertura de produto, tecnologia e medicamento importado não nacionalizado, bem como tratamento clínico ou cirúrgico experimental.* 2.3. Porém, após o registro pela ANVISA, a operadora de plano de saúde não pode recusar o custeio do tratamento com o fármaco indicado pelo médico responsável pelo beneficiário. 2.4. Em virtude da parcial reforma do acórdão recorrido, com a redistribuição dos ônus da sucumbência, está prejudicado o recurso especial manejado por ONDINA. 3. Recurso especial interposto pela AMIL parcialmente provido. Recurso especial manejado por ONDINA prejudicado. Acórdão sujeito ao regime do art. 1.040 do NCPC. (RECURSO ESPECIAL nº 1.712.163/SP (2017/0182916-7), Julgamento 24/10/2018, Rel. Min. Moura Ribeiro, Segunda Seção Cível).

F) Fosfoetanolamina

Em 31/07/2016, o STF decidiu, sob a relatoria do Ministro Marco Aurélio, a Medida Cautelar em Ação Direta de Inconstitucionalidade, por maioria, deferir a liminar para suspender a Lei nº 13.269/2016, que determinava o fornecimento da fosfoetanolamina (pílula do câncer) nas políticas públicas.

A ementa e a súmula do julgado têm o seguinte teor:

SAÚDE – MEDICAMENTO – AUSÊNCIA DE REGISTRO. Surge relevante pedido no sentido de suspender a eficácia de lei que autoriza o fornecimento de certa substância sem o registro no órgão competente, correndo o risco, ante a preservação da saúde, os cidadãos em geral. (ADI 5501 MC /DF, Rel. Min. MARCO AURÉLIO, Julgamento 19/05/2016, Tribunal Pleno, DJe-168 DIVULG 31/07/2017, PUBLIC 01/08/2017)

G) Medicamento "*off label*" - Saúde suplementar

Diferentemente daquilo que foi decidido para a saúde pública, a 3ª e a 4ª Turmas do **STJ**, ambas competentes para julgar as demandas de direito privado, entenderam que na saúde suplementar é obrigatório o fornecimento de medicamento para uso "*off label*".

O julgamento da 4ª Turma tem a seguinte ementa:

> AGRAVO INTERNO. DIREITO CIVIL. PLANO DE SAÚDE EMPRESA SEM FINS LUCRATIVOS E QUE OPERA POR AUTOGESTÃO. FORNECIMENTO DE MEDICAMENTOS DE USO DOMICILIAR - OFF LABEL - EXPERIMENTAL - ROL DA ANS. OBRIGATORIEDADE. 1. A avaliação acerca da abusividade da conduta de entidade de autogestão ao negar a cobertura de medicamentos ou tratamentos médicos está sujeita à aplicação subsidiária das normas gerais e dos preceitos do Código Civil, em virtude da natureza do negócio firmado, a teor dos artigos 422, 423 e 424 do CC. Precedentes. 2. É abusiva a recusa da operadora do plano de saúde de arcar com a cobertura do medicamento prescrito pelo médico para o tratamento do beneficiário, sendo ele off label, de uso domiciliar, ou ainda, não previsto em rol da ANS, e, portanto, experimental, mesmo se tratando de instituições sem fins lucrativos e que operam por autogestão. 3. Agravo

interno não provido. (AgInt no RECURSO ESPECIAL Nº 1.712.056/SP (2017/0311633-8), Rel. Min. LUIS FELIPE SALOMÃO, Julgamento 13/12/2018, Quarta Turma)

Em que pese o entendimento firmado pelas Turmas do STJ, caso a discussão judicial possua particularidades, especialmente engendradas em medicina baseada em evidência, o debate poderá ocorrer a partir de suas particularidades.

H) Legitimidade do Ministério Público para a propositura de ações individuais de saúde

No dia 25/04/2018, a Primeira Seção Cível do **STJ** decidiu, em repercussão geral, que o Ministério Público tem legitimidade para propor ações civis públicas para defesa de direitos individuais de saúde, sob o entendimento de que se trata de direito individual indisponível, fixando a seguinte tese jurídica (Tema 766):

> O Ministério Público é parte legítima para pleitear tratamento médico ou entrega de medicamentos nas demandas de saúde propostas contra os entes federativos, mesmo quando se tratar de feitos contendo beneficiários individualizados, porque se refere a direitos individuais indisponíveis, na forma do art. 1º da Lei n. 8.625/1993 (Lei Orgânica Nacional do Ministério Público).

Veja-se a ementa do julgado:

> ADMINISTRATIVO E PROCESSUAL CIVIL. RECURSO ESPECIAL SOB A SISTEMÁTICA DOS REPETITIVOS. DEMANDAS DE SAÚDE COM BENEFICIÁRIOS INDIVIDUALIZADOS

INTERPOSTAS CONTRA ENTES FEDERATIVOS. LEGITIMIDADE DO MINISTÉRIO PÚBLICO. SUPOSTA AFRONTA AOS DISPOSITIVOS DOS ARTS. 1º, V, E 21 DA LEI N. 7.347/1985, BEM COMO AO ART. 6º DO CPC/1973. NÃO OCORRÊNCIA. DIREITO À SAÚDE. DIREITO INDIVIDUAL INDISPONÍVEL. ART. 1º DA LEI N. 8.625/1993 (LEI ORGÂNICA NACIONAL DO MINISTÉRIO PÚBLICO). APLICABILIDADE. RECURSO ESPECIAL CONHECIDO E NÃO PROVIDO. RECURSO JULGADO SOB A SISTEMÁTICA DO ART. 1.036 E SEGUINTES DO CPC/2015, C/C O ART. 256-N E SEGUINTES DO REGIMENTO INTERNO DO STJ. 1. Os dispositivos legais, cuja aplicação é questionada nos dois recursos especiais e a tramitação se dá pela sistemática dos repetitivos (REsp 1.681.690/SP e REsp 1.682.836/SP), terão sua resolução efetivada em conjunto, consoante determina a regra processual. 2. A discussão, neste feito, passa ao largo de qualquer consideração acerca da legitimidade ministerial para propor demandas, quando se tratar de direitos difusos, coletivos ou individuais homogêneos, até porque inexiste qualquer dúvida da sua legitimidade, nesse particular, seja por parte da legislação aplicável à espécie, seja por parte da jurisprudência. De outra parte, a discussão também não se refere à legitimidade de o Ministério Público postular em favor de interesses de menores, incapazes e de idosos em situação de vulnerabilidade. É que, em tais hipóteses, a legitimidade do órgão ministerial decorre da lei, em especial dos seguintes estatutos jurídicos: art. 201, VIII, da Lei n. 8.069/1990, e art. 74,

II e III, da Lei 10.741/2003. 3. A fronteira para se discernir a legitimidade do órgão ministerial diz respeito à disponibilidade, ou não, dos direitos individuais vindicados. É que, referindo-se a direitos individuais disponíveis e uma vez não havendo uma lei especifica autorizando, de forma excepcional, a atuação do Ministério Público (como no caso da Lei n. 8.560/1992), não se pode falar em legitimidade de sua atuação. Todavia, se se tratar de direitos ou interesses indisponíveis, a legitimidade ministerial já decorreria da redação do próprio art. 1º da Lei n. 8.625/1993 (Lei Orgânica Nacional do Ministério Público). 4. Com efeito, a disciplina do direito à saúde encontra na jurisprudência pátria a correspondência com o próprio direito à vida, de forma que a característica da indisponibilidade do direito já decorreria dessa premissa firmada. 5. Assim, inexiste violação dos dispositivos do art. 1º, V, e art. 21, da Lei n. 7.347/1985, bem como do art. 6º do CPC/1973, já que a atuação do Ministério Público, em demandas de saúde, assim como nas relativas à dignidade da pessoa humana, tem assento na indisponibilidade do direito individual, com fundamento no art. 1º da Lei n. 8.625/1993 (Lei Orgânica Nacional do Ministério Público). 6. Tese jurídica firmada: O Ministério Público é parte legítima para pleitear tratamento médico ou entrega de medicamentos nas demandas de saúde propostas contra os entes federativos, mesmo quando se tratar de feitos contendo beneficiários individualizados, porque se trata de direitos individuais indisponíveis, na forma do art. 1º da Lei n. 8.625/1993 (Lei Orgânica Nacional do Ministério Público). 7. No caso, o aresto prolatado pelo eg. Tribunal de origem está conforme o posicionamento desta Corte Superior, ao considerar a atuação do Ministério Público, por versar sobre direitos individuais indisponíveis. 8. Recurso especial conhecido e não provido. 9. Recurso julgado sob a sistemática do art. 1.036 e seguintes do CPC/2015 e art. 256-N e seguintes do Regimento Interno deste STJ. (RECURSO ESPECIAL nº **1.681.690**/SP (2017/0160213-7), Rel. Min. OG FERNANDES, Julgamento 25/04/2018, Primeira Seção Cível)

9

LINKS ÚTEIS E PRINCIPAL LEGISLAÇÃO/NORMATIZAÇÃO

9.1 Saúde Pública

A) Links Úteis

ANVISA: http://portal.anvisa.gov.br/

CFMhttp://portal.cfm.org.br/index.
php?option=com_normas&normOp=norSearch

CNJ: www.cnj.jus.br/saúde

CONASS: http://www.conass.org.br/

CONASEMS: https://www.conasems.org.br/
institucional/o-conasems/

CNS: http://conselho.saude.gov.br/

CONITEC: < http://conitec.gov.br/>

Ministério da Saúde: <http://portalms.saude.gov.br/>

RENAME: <http://portalms.saude.gov.br
assistencia-farmaceutica/medicamentos-rename>

SAUDELEGIS: http://portal2.saude.gov.br/saudelegis/leg_norma_pesq_consulta.cfm

SES/MG: http://www.saude.mg.gov.br/

TJMG: http://bd.tjmg.jus.br/jspui/handle/tjmg/4915

B) Principal legislação/normatização do SUS

Artigos 196 a 200 da Constituição da República de 1988

Emenda Constitucional nº 29, de 13 de setembro de 2000

Emenda Constitucional nº 86, de março de 2015

Emenda Constitucional nº 95, de 15 de dezembro de 2016

Lei Complementar nº 141, de 13 de janeiro de 2012

Lei nº 8.080, de 19 de Setembro de 1990

Lei nº 8.142, de 28 de Dezembro de 1990

Decreto nº 7.508, de 28 de junho de 2011

Decreto nº 7.827, de 16 de outubro de 2012

Portaria MS nº 373, de 27 de fevereiro de 2002

Portaria MS nº 95, de 26 de janeiro 2001

Portaria MS nº 2.203, de 03 de novembro de 1996

Portaria MS nº 399, de 22 de fevereiro de 2006

Portaria MS nº 699, de 30 de março de 2006

Portaria MS nº 1097, de 22 de maio de 2006

Portaria MS nº 3.332, de 28 de fevereiro de 2006

Portaria MS nº 204, de 29 de janeiro de 2007

Portaria MS nº 3.252, de 22 de dezembro de 2009

Portaria MS nº 2.135, de 25 de setembro de 2013

9.2 Saúde Suplementar

A) Links úteis

ANS: http://www.ans.gov.br/

Busca legislação ANS: http://www.ans.gov.br/legislacao/busca-de-legislacao

Comitê Executivo Estadual da Saúde de Minas Gerais: http://www.comitesaudemg.com.br/www/

Pareceres técnicos TJMG: https://bd.tjmg.jus.br/jspui/handle/tjmg/4915

Verificação de cobertura contratual: http://www.ans.gov.br/planos-de-saude-e-operadoras/espaco-do-consumidor/verificar-cobertura-de-plano

ANVISA: http://portal.anvisa.gov.br/

B) Principal legislação/normatização da Saúde Suplementar

Lei nº 9.656, de 3 de junho de 1998

Lei nº 9.961, de 28 de janeiro de 2000

Resolução Normativa – RN nº 428, de 2017

Resolução Normativa – RN nº 279, de 2011

Resolução Normativa – RN nº 259, de 2011

Resolução Normativa – RN nº 195, de 2009

Resolução Normativa – RN nº 395, de 2016

Resolução Normativa RN nº 424, de 2017

Resolução Normativa RN nº 388, de 2015

Resolução Normativa RN nº 254, de 2011

Resolução Normativa RN nº 438, de 2018

Resolução Normativa RN nº 63, de 2003

Resolução Normativa RN nº 309, de 2012

10

ENUNCIADOS APROVADOS, REVOGADOS E ALTERADOS NA III JORNADA DE DIREITO DA SAÚDE

Nas três Jornas de Saúde realizadas pelo Fórum Nacional do Judiciário para a Saúde do CNJ aprovou os seguintes enunciados:

ENUNCIADO Nº 01

A tutela individual para internação de pacientes psiquiátricos ou em situação de drogadição ocorrerá pelo menor tempo possível, sob estrito critério médico. As decisões que imponham tal obrigação devem determinar que seus efeitos cessarão no momento da alta concedida pelo médico que atende o paciente na respectiva instituição de saúde, devendo o fato ser imediatamente comunicado pelo prestador do serviço ao Juízo competente. **(Redação dada pela III Jornada de Direito da Saúde – 18.03.2019)**

ENUNCIADO Nº 02

Concedidas medidas judiciais de prestação continuativa, em tutela provisória ou definitiva, é necessária a renovação periódica do relatório e prescrição médica a serem apresentadas preferencialmente ao executor da medida, no prazo legal ou naquele fixado pelo julgador como razoável, considerada a natureza da enfermidade, de acordo com a legislação sanitária, sob pena de perda de eficácia da medida. **(Redação dada pela III Jornada de Direito da Saúde – 18.03.2019)**

ENUNCIADO Nº 03

Nas ações envolvendo pretensões concessivas de serviços assistenciais de saúde, o interesse de agir somente se qualifica mediante comprovação da prévia negativa ou indisponibilidade da prestação no âmbito do Sistema Único de Saúde – SUS e na Saúde Suplementar. **(Redação dada pela III Jornada de Direito da Saúde – 18.03.2019)**

ENUNCIADO Nº 04

~~Os Protocolos Clínicos e Diretrizes Terapêuticas (PCDT) são elementos organizadores da prestação farmacêuticas, de insumos e de procedimentos, e não limitadores. Assim, no caso concreto, quando todas as alternativas terapêuticas previstas no respectivo PCDT já tiverem sido esgotadas ou forem inviáveis ao quadro clínico do paciente usuário do SUS, pelo princípio do art. 198, II, da CF, pode ser determinado judicialmente o fornecimento, pelo Sistema Único de Saúde, do fármaco, insumo ou procedimento não protocolizado.~~ **(Revogado pela III Jornada de Direito da Saúde – 18.03.2019)**

ENUNCIADO Nº 05

~~Deve-se evitar o processamento, pelos juizados, dos processos nos quais se requer medicamentos não registrados pela Anvisa, *off label* e experimentais, ou ainda internação compulsória, quando, pela complexidade do assunto, o respectivo julgamento depender de dilação probatória incompatível com o rito do juizado.~~ **(Revogado pela III Jornada de Direito da Saúde – 18.03.2019)**

ENUNCIADO Nº 06

A determinação judicial de fornecimento de fármacos deve evitar os medicamentos ainda não registrados na Anvisa ou em fase experimental, ressalvadas as exceções expressamente previstas em lei (STJ – Recurso Especial Resp. nº 1.657.156, Relatoria do Ministro Benedito Gonçalves - 1ª Seção Cível - julgamento repetitivo dia 25.04.2018 - Tema 106). **(Redação dada pela III Jornada de Direito da Saúde – 18.03.2019)**

ENUNCIADO Nº 08

Nas apreciações judiciais sobre ações e serviços de saúde devem ser observadas as regras administrativas de repartição de competência entre os entes federados. **(Redação dada pela III Jornada de Direito da Saúde – 18.03.2019)**

ENUNCIADO Nº 09

As ações que versem sobre medicamentos e tratamentos experimentais devem observar as normas emitidas pela Comissão Nacional de Ética em Pesquisa - Conep e Agência Nacional de Vigilância Sanitária - Anvisa, não se podendo impor aos entes federados provimento e custeio de medicamento e tratamentos experimentais (STJ – Recurso Especial Resp. nº 1.657.156, Relatoria do Ministro Benedito Gonçalves - 1ª Seção Cível - julgamento repetitivo dia 25.04.2018 - Tema 106). **(Redação dada pela III Jornada de Direito da Saúde – 18.03.2019)**

ENUNCIADO Nº 10

O cumprimento de pleitos judiciais que visem à prestação de ações ou serviços exclusivos da assistência social não devem ser impostos ao Sistema Único de Saúde – SUS.

ENUNCIADO Nº 11

Nos casos em que o pedido em ação judicial seja de medicamento, produto ou procedimento já previsto nas listas oficiais do SUS ou em Protocolos Clínicos e Diretrizes Terapêuticas - (PCDT), o Poder Judiciário determinará a inclusão do demandante em serviço ou programa já existentes no Sistema Único de Saúde - SUS, para fins de acompanhamento e controle clínico. **(Redação dada pela III Jornada de Direito da Saúde – 18.03.2019)**

ENUNCIADO Nº 12

A inefetividade do tratamento oferecido pelo Sistema Único de Saúde – SUS, no caso concreto, deve ser demonstrada por relatório médico que a indique e descreva as normas éticas, sanitárias, farmacológicas (princípio ativo segundo a Denominação Comum Brasileira) e que estabeleça o diagnóstico da doença (Classificação Internacional de Doenças), indicando o tratamento eficaz, periodicidade, medicamentos, doses e fazendo referência ainda sobre a situação do registro ou uso autorizado na Agência Nacional de Vigilância Sanitária – Anvisa, fundamentando a necessidade do tratamento com base em medicina de evidências (STJ – Recurso Especial Resp. nº 1.657.156, Relatoria do Ministro Benedito Gonçalves - 1ª Seção Cível - julgamento repetitivo dia 25.04.2018 - Tema 106). **(Redação dada pela III Jornada de Direito da Saúde – 18.03.2019)**

ENUNCIADO Nº 13

Nas ações de saúde, que pleiteiam o fornecimento de medicamentos, produtos ou tratamentos, recomenda-se, sempre que possível, a prévia oitiva do gestor do Sistema Único de Saúde – SUS, com vistas a, inclusive, identificar solicitação prévia do requerente, alternativas terapêuticas e competência do ente federado, quando aplicável (Saúde Pública e Suplementar). **(Redação dada pela III Jornada de Direito da Saúde – 18.03.2019)**

ENUNCIADO Nº 14

Não comprovada a ineficácia, inefetividade ou insegurança para o paciente dos medicamentos ou tratamentos fornecidos pela rede de saúde pública ou rol da ANS, deve ser indeferido o pedido (STJ – Recurso Especial Resp. nº 1.657.156, Relatoria do Ministro Benedito Gonçalves - 1ª Seção Cível - julgamento repetitivo dia 25.04.2018 - Tema 106). **(Redação dada pela III Jornada de Direito da Saúde – 18.03.2019)**

ENUNCIADO Nº 15

As prescrições médicas devem consignar o tratamento necessário ou o medicamento indicado, contendo a sua Denominação Comum Brasileira – DCB ou, na sua falta, a Denominação Comum Internacional – DCI, o seu princípio ativo, seguido, quando pertinente, do nome de referência da substância, posologia, modo de administração e período de tempo do tratamento e, em caso de prescrição diversa daquela expressamente informada por seu fabricante a justificativa técnica.

ENUNCIADO Nº 16

~~Nas demandas que visam acesso a ações e serviços da saúde diferenciada daquelas oferecidas pelo Sistema Único de Saúde, o autor deve apresentar prova da evidência científica, a inexistência, inefetividade ou impropriedade dos procedimentos ou medicamentos constantes dos protocolos clínicos do Sistema Único de Saúde – SUS.~~ **(Revogado pela III Jornada de Direito da Saúde – 18.03.2019)**

ENUNCIADO Nº 17

~~Na composição dos Núcleos de Assessoramento Técnico (NAT's) será franqueada a participação de profissionais dos Serviços de Saúde dos Municípios.~~ **(Revogado pela III Jornada de Direito da Saúde – 18.03.2019)**

ENUNCIADO Nº 18

Sempre que possível, as decisões liminares sobre saúde devem ser precedidas de notas de evidência científica emitidas por Núcleo de Apoio Técnico do Judiciário - NatJus e/ou consulta do banco de dados pertinente. **(Redação dada pela III Jornada de Direito da Saúde – 18.03.2019)**

ENUNCIADO Nº 19
As iniciais das demandas de acesso à saúde devem ser instruídas com relatório médico circunstanciado para subsidiar uma análise técnica nas decisões judiciais. **(Redação dada pela III Jornada de Direito da Saúde – 18.03.2019)**

ENUNCIADO Nº 20
A inseminação artificial e a fertilização *in vitro* não são procedimentos de cobertura obrigatória pelas operadoras de planos de saúde, salvo por expressa previsão contratual. **(Redação dada pela III Jornada de Direito da Saúde – 18.03.2019)**

ENUNCIADO Nº 21
Nos contratos celebrados ou adaptados na forma da Lei nº 9.656/98, considera-se o rol de procedimentos como referência mínima para cobertura, conforme regulamentações da Agência Nacional de Saúde Suplementar - ANS, ressalvadas as coberturas adicionais contratadas. **(Redação dada pela III Jornada de Direito da Saúde – 18.03.2019)**

ENUNCIADO Nº 22
~~Nos planos coletivos deve ser respeitada a aplicação dos índices e/ou fórmulas de reajuste pactuados, não incidindo, nestes casos, o índice da Agência Nacional de Saúde Suplementar editados para os planos individuais/familiares.~~ **(Revogado pela III Jornada de Direito da Saúde – 18.03.2019)**

ENUNCIADO Nº 23

Nas demandas judiciais em que se discutir qualquer questão relacionada à cobertura contratual vinculada ao rol de procedimentos e eventos em saúde editados pela Agência Nacional de Saúde Suplementar – ANS recomenda-se a consulta, pela via eletrônica e/ou expedição de ofício, a esta agência Reguladora para os esclarecimentos necessários sobre a questão em litígio.

ENUNCIADO Nº 24

Cabe ao profissional da saúde assistente, a prescrição terapêutica a ser adotada. Havendo divergência entre o plano de saúde contratado e o prescritor é garantida a definição do impasse através de junta médica ou odontológica, nos termos da Resolução da ANS em vigor. **(Redação dada pela III Jornada de Direito da Saúde – 18.03.2019)**

ENUNCIADO Nº 25

É abusiva a negativa de cobertura de procedimentos cirúrgicos de alta complexidade relacionados à doença e lesão preexistente, quando o usuário não tinha conhecimento ou não foi submetido a prévio exame médico ou perícia, salvo comprovada má-fé (Súmula 609/STJ). **(Redação dada pela III Jornada de Direito da Saúde – 18.03.2019)**

ENUNCIADO Nº 26

É lícita a exclusão de cobertura de produto, tecnologia e medicamento importado não nacionalizado, bem como tratamento clínico ou cirúrgico experimental (Tema 990/STJ). **(Redação dada pela III Jornada de Direito da Saúde – 18.03.2019)**

ENUNCIADO Nº 27

~~As Resoluções nº 1956/2010 Conselho Federal de Medicina e nº 115/2012 do Conselho Federal de Odontologia e o rol de procedimentos e eventos em saúde vigentes na Agência Nacional de Saúde Suplementar, e suas alterações, são de observância obrigatória.~~ **(Revogado pela III Jornada de Direito da Saúde – 18.03.2019)**

ENUNCIADO Nº 28

Nas decisões para o fornecimento de órteses, próteses e materiais especiais – OPME, o juiz deve exigir a descrição técnica e não a marca específica e/ou o fornecedor, em consonância com normas do SUS, da ANS, bem como a Resolução n. 1956/2010 do CFM. **(Redação dada pela III Jornada de Direito da Saúde – 18.03.2019)**

ENUNCIADO Nº 29

Na análise de pedido para concessão de tratamento, medicamento, prótese, órtese e materiais especiais, os juízes deverão considerar se os médicos ou os odontólogos assistentes observaram a eficácia, a efetividade, a segurança e os melhores níveis de evidências científicas existentes. Havendo indício de ilícito civil, criminal ou ético, deverá o juiz oficiar ao Ministério Público e a respectiva entidade de classe do profissional.

ENUNCIADO Nº 30

~~É recomendável a designação de audiência para ouvir o médico ou o odontólogo assistente quando houver dúvida sobre a eficiência, a~~

eficácia, a segurança e o custo-efetividade da prescrição. (**Revogado pela III Jornada de Direito da Saúde – 18.03.2019**)

ENUNCIADO Nº 31
Recomenda-se ao Juiz a obtenção de informações do Núcleo de Apoio Técnico ou Câmara Técnica e, na sua ausência, de outros serviços de atendimento especializado, tais como instituições universitárias, associações profissionais, etc. (**Revogado pela III Jornada de Direito da Saúde – 18.03.2019**)

ENUNCIADO Nº 32
A petição inicial das demandas de saúde deve estar instruída com todos os documentos relacionados com o diagnóstico e tratamento do paciente, tais como: doença; exames essenciais, medicamento ou tratamento prescrito; dosagem; contraindicação; princípio ativo; duração do tratamento; prévio uso dos programas de saúde suplementar; indicação de medicamentos genéricos, entre outros, bem como o registro da solicitação à operadora e/ou respectiva negativa. (**Redação dada pela III Jornada de Direito da Saúde – 18.03.2019**)

ENUNCIADO Nº 33
Recomenda-se aos magistrados e membros do Ministério Público, da Defensoria Pública e aos Advogados a análise dos pareceres técnicos da Agência Nacional de Saúde Suplementar – ANS e da Comissão Nacional de Incorporação de Tecnologias no SUS - Conitec para auxiliar a prolação de decisão ou a propositura da ação. (**Redação dada pela III Jornada de Direito da Saúde – 18.03.2019**)

ENUNCIADO Nº 34

Os serviços de apoio diagnóstico, tratamentos e demais procedimentos e eventos listados na Lei 9.656/98 e no rol de procedimentos e eventos em saúde, solicitados por cirurgiões-dentistas ou odontólogos, são de cobertura obrigatória quando vinculados a eventos de natureza odontológica, desde que constante do contrato, bem como observada segmentação contratada.

ENUNCIADO Nº 35

Nos planos coletivos, contratados a partir da vigência da Resolução Normativa n. 195/09 da Agência Nacional de Saúde Suplementar – ANS, em que não for comprovado o vínculo entre o consumidor e a pessoa jurídica contratante na forma da regulamentação da ANS, o tipo de contratação do consumidor cujo vínculo não for comprovado, deve ser considerado individual para efeitos de rescisão e reajuste, não se aplicando aos planos das empresas e entidades de autogestão.

ENUNCIADO Nº 36

O tratamento das complicações de procedimentos médicos e cirúrgicos decorrentes de procedimentos não cobertos tem obrigatoriedade de cobertura, respeitando-se as disposições do rol de procedimentos e eventos em saúde, editado pela Agência Nacional de Saúde Suplementar – ANS e as segmentações contratadas.

ENUNCIADO Nº 37

As diretivas ou declarações antecipadas de vontade, que especificam os tratamentos médicos que o declarante deseja ou não se submeter quando incapacitado de expressar-se autonomamente, devem ser feitas preferencialmente por escrito, por instrumento particular, com duas testemunhas, ou público, sem prejuízo de outras formas inequívocas de manifestação admitidas em direito.

ENUNCIADO Nº 38
Nas pesquisas envolvendo seres humanos deve ser assegurada a proteção dos direitos fundamentais dos participantes da pesquisa, além da avaliação da necessidade, utilidade e proporcionalidade do procedimento, com o máximo de benefícios e mínimo de danos e riscos.

ENUNCIADO Nº 39
O estado de filiação não decorre apenas do vínculo genético, incluindo a reprodução assistida com material genético de terceiro, derivando da manifestação inequívoca de vontade da parte.

ENUNCIADO Nº 40
É admissível, no registro de nascimento de indivíduo gerado por reprodução assistida, a inclusão do nome de duas pessoas do mesmo sexo, como pais.

ENUNCIADO Nº 41
~~O estabelecimento da idade máxima de 50 anos, para que mulheres possam submeter-se ao tratamento e à gestação por reprodução assistida, afronta o direito constitucional à liberdade de planejamento familiar.~~ **(Revogado pela III Jornada de Direito da Saúde – 18.03.2019)**

ENUNCIADO Nº 42

Quando comprovado o desejo de viver e de ser aceito enquanto pessoa do sexo oposto, resultando numa incongruência entre a identidade determinada pela anatomia de nascimento e a identidade sentida, a cirurgia de transgenitalização é dispensável para a retificação de nome no registro civil.

ENUNCIADO Nº 43

É possível a retificação do sexo jurídico sem a realização da cirurgia de transgenitalização.

ENUNCIADO Nº 44

O paciente absolutamente incapaz pode ser submetido a tratamento médico que o beneficie, mesmo contra a vontade de seu representante legal, quando identificada situação em que este não defende o melhor interesse daquele. **(Redação dada pela III Jornada de Direito da Saúde – 18.03.2019)**

ENUNCIADO Nº 45

Nas hipóteses de reprodução humana assistida, nos casos de gestação de substituição, a determinação do vínculo de filiação deve contemplar os autores do projeto parental, que promoveram o procedimento.

ENUNCIADO Nº 46

Nas ações judiciais para as transferências hospitalares deve ser verificada a inserção do paciente nos Sistemas de Regulação, de acordo com o regramento de referência de cada Município, Região ou Estado, observados os critérios clínicos e priorização. **(Redação dada pela III Jornada de Direito da Saúde – 18.03.2019)**

ENUNCIADO N° 47

Não estão incluídos na competência dos juizados especiais os casos em que se pretende o fornecimento de medicamento e ou tratamento cujo custo total, quando passível de estimação, e anual, em tratamentos continuados por tempo indeterminado, supere o limite da competência dos referidos juizados. **(Redação dada pela III Jornada de Direito da Saúde – 18.03.2019)**

ENUNCIADO N° 48

~~As altas de internação hospitalar de paciente, inclusive de idosos e toxicômanos, independem de novo pronunciamento judicial, prevalecendo o critério técnico profissional do médico.~~ **(Revogado pela III Jornada de Direito da Saúde – 18.03.2019)**

ENUNCIADO N° 49

Para que a prova pericial seja mais fidedigna com a situação do paciente, recomenda-se a requisição do prontuário médico.

ENUNCIADO N° 50

Não devem ser deferidas medidas judiciais de acesso a medicamentos e materiais não registrados na ANVISA ou deferidas medidas judiciais que assegurem acessos a produtos ou procedimentos experimentais (Tema 106 STJ - STJ – Recurso Especial Resp. n° 1.657.156, Relatoria do Ministro Benedito Gonçalves - 1ª Seção Cível - julgamento repetitivo dia

25.04.2018 e RE 566471/RN, RE 657718/MG do STF). **(Redação dada pela III Jornada de Direito da Saúde – 18.03.2019)**

ENUNCIADO N° 51

Nos processos judiciais, a caracterização da urgência/emergência requer relatório médico circunstanciado, com expressa menção do quadro clínico de risco imediato.

ENUNCIADO N° 52

Nas ações reiteradas na mesma Comarca que apresentem pedidos de medicamentos, produtos ou procedimentos já previstos nas listas oficiais, como medida de eficácia da atuação jurisdicional, é pertinente o magistrado dar ciência dos fatos aos Conselhos Municipal e Estadual de Saúde.

ENUNCIADO N° 53

Mesmo quando já efetuado o bloqueio de numerário por ordem judicial, pelo princípio da economicidade, deve ser facultada a aquisição imediata do produto por instituição pública ou privada vinculada ao Sistema Único de Saúde – SUS, observado o preço máximo de venda ao governo – PMVG, estabelecido pela CMED.

ENUNCIADO N° 54

Havendo valores depositados em conta judicial, a liberação do numerário deve ocorrer de forma gradual mediante comprovação da necessidade de continuidade do tratamento postulado, evitando-se a liberação única do montante integral.

ENUNCIADO Nº 55

O levantamento de valores para o cumprimento de medidas liminares nos processos depende da assinatura de termo de responsabilidade e prestação de contas periódica.

ENUNCIADO Nº 56

Havendo depósito judicial ou sequestro de verbas (Bacenjud)) para aquisição de medicamentos, produto ou serviço, antes da apreciação do pedido, deve-se exigir da parte a apresentação prévia de até 3 (três) orçamentos, exceto nas hipóteses de complexa definição de custos (cirurgias, internações e fornecimento de insumos de uso hospitalar), em que outros parâmetros poderão ser observados. **(Redação dada pela III Jornada de Direito da Saúde – 18.03.2019)**

ENUNCIADO Nº 57

Em processo judicial no qual se pleiteia o fornecimento de medicamento, produto ou procedimento, é recomendável verificar se a questão foi apreciada pela Comissão Nacional de Incorporação de Tecnologias no SUS – CONITEC.

ENUNCIADO Nº 58

Quando houver prescrição de medicamento, produto, órteses, próteses ou procedimentos que não constem em lista Relação Nacional de Medicamentos Essenciais – RENAME ou na Relação Nacional de Ações e Serviços de Saúde - RENASES ou nos protocolos do Sistema Único de Saúde – SUS, recomenda-se a notificação judicial do médico prescritor, para que preste esclarecimentos sobre a pertinência e necessidade da prescrição, bem como para firmar declaração de eventual conflito de interesse.

ENUNCIADO Nº 59

As demandas por procedimentos, medicamentos, próteses, órteses e materiais especiais, fora das listas oficiais, devem estar fundadas na Medicina Baseada em Evidências - MBE.

ENUNCIADO Nº 60

A responsabilidade solidária dos entes da Federação não impede que o Juízo, ao deferir medida liminar ou definitiva, direcione inicialmente o seu cumprimento a um determinado ente, conforme as regras administrativas de repartição de competências, sem prejuízo do redirecionamento em caso de descumprimento.

ENUNCIADO Nº 61

~~Proposta de alteração do enunciado nº4 da I Jornada - Os Protocolos Clínicos e Diretrizes Terapêuticas (PCDT) são elementos organizadores da prestação farmacêuticas, de insumos e de procedimentos, e não limitadores. Assim, no caso concreto, quando todas as alternativas terapêuticas previstas no respectivo PCDT já tiverem sido esgotadas ou forem inviáveis ao quadro clínico do paciente usuário do SUS, pelo princípio do art. 198, II, da CF, pode ser determinado judicialmente o fornecimento, pelo Sistema Único de Saúde, do fármaco, insumo ou procedimento não protocolizado.~~ **(Revogado pela III Jornada de Direito da Saúde – 18.03.2019)**

ENUNCIADO Nº 62

Para fins de cobertura assistencial, o conceito de urgência e emergência deve respeitar a definição legal contida no art. 35-C, Lei Federal 9.656/98, de acordo com o relatório médico, com expressa menção do quadro clínico de risco imediato. **(Redação dada pela III Jornada de Direito da Saúde – 18.03.2019)**

ENUNCIADO Nº 63
O deferimento de cirurgia bariátrica em tutela de urgência sujeita-se à observância das diretrizes constantes da Resolução CFM nº 1942/2010 e de outras normas que disciplinam a matéria.

ENUNCIADO Nº 64
A atenção domiciliar depende de cobertura contratual e indicação clínica, podendo ser prestada nas modalidades de assistência domiciliar e internação domiciliar. A atenção domiciliar não supre a participação da família, responsável também pelo trabalho do cuidador, salvo cobertura contratual quanto a este último. (RDC 11/2006 - ANVISA). **(Redação dada pela III Jornada de Direito da Saúde – 18.03.2019)**

ENUNCIADO Nº 65
Não é vedada a intervenção de terceiros nas demandas que envolvam operadora de saúde. **(Redação dada pela III Jornada de Direito da Saúde – 18.03.2019)**

ENUNCIADO Nº 66
Poderá constituir ato ilícito por violação de direito do paciente e quebra de confiança passível de condenação por dano, a recusa em fornecer cópia do prontuário ao próprio paciente

ou seu representante legal ou contratual, após comprovadamente solicitado, por parte do profissional de saúde, clínica ou instituições hospitalares públicas ou privados. **(Redação dada pela III Jornada de Direito da Saúde – 18.03.2019)**

ENUNCIADO Nº 67

As informações constantes do receituário médico, para propositura de ação judicial, devem ser claras e adequadas ao entendimento do paciente, em letra legível, discriminando a enfermidade pelo nome e não somente por seu código na Classificação Internacional de Doenças – CID, assim como a terapêutica e a denominação genérica do medicamento prescrito.

ENUNCIADO Nº 68

Os direitos reprodutivos correspondem ao conjunto de direitos básicos relacionados com o livre exercício da sexualidade e da reprodução humana.

ENUNCIADO Nº 69

Nos casos em que o pedido em ação judicial seja a realização de consultas, exames, cirurgias ou procedimentos especializados, recomenda-se consulta prévia ao ente público demandado sobre a existência de lista de espera organizada e regulada pelo Poder Público para acessar o respectivo serviço, de forma a verificar a inserção do paciente nos sistemas de regulação, de acordo com o regramento de referência de cada Município, Região ou Estado, observados os critérios clínicos e de priorização.

ENUNCIADO Nº 70

Configura abandono de tratamento a não retirada do medicamento e de outros produtos por mais de 03 (três) meses consecutivos, facultando-se ao demandado a suspensão das respectivas aquisições, devendo, ainda, noticiar ao Juízo o respectivo abandono.

ENUNCIADO Nº 71

A utilização dos dados pessoais de saúde, inclusive os provenientes de mapeamento genético e os presentes nos meios digitais, deverá observar os direitos fundamentais de liberdade e de privacidade, não podendo ser utilizados para limitação de cobertura ou acesso aos serviços de saúde públicos ou privados.

ENUNCIADO Nº 72

O consumidor tem direito de acesso à tabela de reembolso no ato de contratação e a qualquer momento posterior, devendo as operadoras de saúde divulgarem, de forma clara, os valores devidos para reembolso.

ENUNCIADO Nº 73

A ausência do nome do medicamento, procedimento ou tratamento no rol de procedimentos criado pela Resolução da Agência Nacional de Saúde Suplementar – ANS e suas atualizações, não implica em exclusão tácita da cobertura contratual.

ENUNCIADO Nº 74

Não havendo cumprimento da ordem judicial, o Juiz efetuará, preferencialmente, bloqueio em conta bancária do ente demandado, figurando a multa (*astreintes*) apenas como *ultima ratio.*

ENUNCIADO Nº 75

Nas ações individuais que buscam o fornecimento de medicamentos não incorporados em atos normativos do Sistema Único de Saúde – SUS, sob pena de indeferimento do pedido, devem ser observados cumulativamente os requisitos estabelecidos pelo STJ, no julgamento do RESP n. 1.657.156, e, ainda, os seguintes critérios:

I) o laudo médico que ateste a imprescindibilidade do medicamento postulado poderá ser infirmado através da apresentação de notas técnicas, pareceres ou outros documentos congêneres e da produção de prova pericial;

II) a impossibilidade de fornecimento de medicamento para uso off label ou experimental, salvo se houver autorização da ANVISA;

III) os pressupostos previstos neste enunciado se aplicam a quaisquer pedidos de tratamentos de saúde não previstos em políticas públicas.

ENUNCIADO Nº 76

A decisão judicial sobre fornecimento de medicamentos e serviços de saúde deverá, à vista do contido nos autos, trazer fundamentação sobre as suas consequências práticas, considerando os obstáculos e as dificuldades reais do gestor e as exigências das políticas públicas (arts. 20 a 22 da LINDB), não podendo fundar-se apenas em valores jurídicos abstratos (art. 20 da LINDB).

ENUNCIADO N° 77

Para o cumprimento da tutela judicial referente ao fornecimento de produtos em saúde, pode o ente público disponibilizar a entrega na instituição em que o paciente realiza o tratamento ou por meio de seus órgãos regionais, bem como em cooperação com as Secretarias Municipais e Estaduais de Saúde.

ENUNCIADO N° 78

Compete à Justiça Federal julgar as demandas em que são postuladas novas tecnologias de alta complexidade ainda não incorporadas ao Sistema Único de Saúde – SUS.

ENUNCIADO N° 79

Descabe o pagamento de honorários médicos em cirurgias e procedimentos realizados no âmbito privado, se os profissionais envolvidos integram o quadro do Sistema Único de Saúde – SUS, a cirurgia ou procedimento foi pago com recurso público e realizada dentro da carga horária do profissional.

ENUNCIADO N° 80

Configura-se conflito de interesse a situação em que o médico pertencente ao quadro de servidores públicos atende paciente pelo Sistema Único da Saúde - SUS e prescreve tratamento realizado exclusivamente pelo prescritor ou sócio na rede particular de saúde, não observando os protocolos e as listas do Sistema Único de Saúde – SUS.

ENUNCIADO N° 81

Caso o magistrado vislumbre a existência de considerável número de demandas individuais acerca de uma mesma matéria relativa ao direito de acesso à saúde pública, capaz de demonstrar uma ineficiência específica de atendimento, comunicará o fato ao gestor e aos conselhos de saúde para adoção de providências, bem como a Defensoria Pública, o Ministério Público e os Comitês Executivos Estaduais/Distrital de Saúde.

ENUNCIADO Nº 82

A entrega de valores bloqueados do orçamento público da saúde para custeio do tratamento na rede privada não deve ser feita diretamente à parte demandante, e sim ao estabelecimento que cumprir a obrigação em substituição à Fazenda Pública, após comprovação da sua realização, por meio de apresentação do respectivo documento fiscal.

ENUNCIADO Nº 83

Poderá a autoridade judicial determinar, de ofício ou a requerimento da parte, a juntada ao processo de documentos de evidência científica (nota técnica ou parecer) disponíveis no e-NatJus (CNJ) ou em bancos de dados dos Núcleos de Assessoramento Técnico em Saúde (NATS) de cada estado, desde que relacionados ao mesmo medicamento, terapia ou produto requerido pela parte.

ENUNCIADO Nº 84

Na fixação de prazo para o cumprimento das determinações judiciais concessivas, deverá a autoridade judicial atentar para as dificuldades inerentes à aquisição dos medicamentos ou produtos pelo Poder Público e Agentes da Saúde Suplementar, bem como a origem ou procedência dos insumos.

ENUNCIADO Nº 85

Para fins de aferição da incapacidade financeira do paciente, o Juiz poderá realizar prévia consulta aos sistemas (RenaJud, BacenJud, InfoJud, CNIB etc) e aos bancos de dados à disposição do Poder Judiciário, preservando-se a natureza sigilosa dos dados obtidos e observado o direito ao contraditório (CPC, arts. 9º e 10).

ENUNCIADO Nº 86

As multas fixadas por descumprimento de determinações judiciais (astreintes) devem levar em consideração as dificuldades inerentes à aquisição dos medicamentos ou produtos pelo Poder Público ou por Agentes de Saúde Suplementar, bem como guardar proporcionalidade com o valor da prestação pretendida.

ENUNCIADO Nº 87

Nas decisões que determinem o fornecimento de medicamento ou de serviço por mais de um ente da federação, deve-se buscar, em sendo possível, individualizar os atos que serão de responsabilidade de cada ente.

ENUNCIADO Nº 88

A indicação do profissional ou prestador de serviço, em princípio, deve sempre observar a política pública e a determinação pelo gestor do Sistema Único de Saúde – SUS, inexistindo o direito subjetivo à escolha da Instituição e do médico pelo paciente.

ENUNCIADO Nº 89

Deve-se evitar a obstinação terapêutica com tratamentos sem evidências médicas e benefícios, sem custo-utilidade, caracterizados como a relação entre a intervenção e seu respectivo efeito – e que não tragam benefícios e qualidade de vida ao paciente, especialmente nos casos de doenças raras e irreversíveis, recomendando-se a consulta ao gestor de saúde sobre a possibilidade de oferecimento de cuidados paliativos de acordo com a política pública.

ENUNCIADO Nº 90

Sem prejuízo dos casos urgentes, visando respeitar as competências do Sistema Único de Saúde – SUS definidas em lei para o atendimento universal às demandas do setor de saúde, nas quais se pleiteia tratamentos de Terapia Renal Substitutiva, caso atendidos por médicos particulares, a ordem judicial implica a inclusão no cadastro, o acompanhamento e o tratamento junto a uma unidade de Atenção Especializada em Doença Renal Crônica - DRC.

ENUNCIADO Nº 91

O cumprimento de pleito judicial que vise à prestação de ação ou serviço exclusivo da EDUCAÇÃO não é de responsabilidade do Sistema Único de Saúde – SUS.

ENUNCIADO Nº 92

Na avaliação de pedido de tutela de urgência, é recomendável levar em consideração não apenas a indicação do caráter urgente ou eletivo do procedimento, mas também o conjunto da condição clínica do demandante, bem como as repercussões negativas do longo tempo de espera para a saúde e bem-estar do paciente.

ENUNCIADO Nº 93

Nas demandas de usuários do Sistema Único de Saúde – SUS por acesso a ações e serviços de saúde eletivos previstos nas políticas públicas, considera-se excessiva a espera do paciente por tempo superior a 100 (cem) dias para consultas e exames, e de 180 (cento e oitenta) dias para cirurgias e tratamentos.

ENUNCIADO Nº 94

Até que possa ser concluído o processo da compra de medicamentos ou produtos deferidos por decisão judicial para regular fornecimento, o magistrado poderá determinar à parte ré o depósito judicial de valores que permitam à parte autora a aquisição, sob pena do sequestro de verbas.

ENUNCIADO Nº 95

A alteração de dosagem, posologia, quantidade ou forma de apresentação de medicamento, produto ou insumo em relação ao postulado na inicial não implica ampliação dos limites objetivos da lide, aplicando-se a regra da fungibilidade.

ENUNCIADO Nº 96

Somente se admitirá a impetração de mandado de segurança em matéria de saúde pública quando o medicamento, produto, órtese, prótese ou procedimento constar em lista RENAME, RENASES ou protocolo do Sistema Único de Saúde – SUS.

ENUNCIADO Nº 97

As solicitações de terapias alternativas não previstas no rol de procedimentos da ANS, tais como equoterapia, hidroterapia e métodos de tratamento não são de cobertura e/ou custeio obrigatório às operadoras de saúde se não estiverem respaldadas em Medicina Baseada em Evidência e Plano Terapêutico com Prognóstico de Evolução.

ENUNCIADO Nº 98

Na oncologia não há dispensação fracionada de medicamentos no tratamento, salvo excepcionalidade descrita em relatório/laudo médico circunstanciado.

ENUNCIADO Nº 99

O tratamento multiprofissional do Transtorno do Espectro Autista é de cobertura obrigatória por parte das operadoras de saúde, as quais devem viabilizar ao beneficiário ou equipe multiprofissional credenciada pela operadora de saúde, desde que o método seja reconhecido pelos respectivos conselhos de classe dos profissionais integrantes da referida equipe multiprofissional, ou que esteja expressamente previsto no rol de procedimentos e eventos em saúde da ANS.

ENUNCIADO Nº 100

As decisões judiciais que determinem a cobertura de procedimentos e eventos em saúde deverão ser cumpridas preferencialmente no âmbito da rede prestadora da operadora de saúde, salvo nos casos em que se demonstre a inexistência de especialista credenciado.

ENUNCIADO Nº 101

As decisões judiciais que versem sobre coberturas contratuais asseguradas mediante reembolso sujeitam-se aos limites dos valores contratados, desde que haja especialista credenciado pela rede contratada.

ENUNCIADO Nº 102

Em caso de drogadição ou transtorno mental, deve ser dada prioridade aos serviços comunitários de saúde mental em detrimento das internações (Lei 10.216/2001).

ENUNCIADO Nº 103

Havendo recomendação da CONITEC pela não incorporação de tecnologia, a determinação judicial de fornecimento deve apontar o fundamento e a evidência científica que afaste a conclusão do órgão técnico, em razão da condição do paciente.

11
MODELO DE RELATÓRIO
MÉDICO PARA JUDICIALIZAÇÃO

O Comitê Estadual da Saúde de Minas Gerais aprovou na reunião do dia 29 de fevereiro de 2016 um modelo de relatório médico cujas informações foram consideradas relevantes para uma decisão judicial mais segura, que deve ser preenchido pelo médico prescritor.

O modelo de relatório médico a seguir indicado está disponível no endereço eletrônico <https://bd.tjmg.jus.br/jspui/handle/tjmg/8237>

RELATÓRIO MÉDICO PARA JUDICIALIZAÇÃO DO ACESSO À SAÚDE

1. Sobre o profissional

    1.1. Nome do médico:

    1.2. Nº do registro no Conselho Regional de Medicina – CRM:

    1.3. CNS:

    1.4. Especialidade (se tiver):

2. Sobre o paciente

    2.1. Nome do(a) paciente:

    2.2. Data de nascimento:

    2.3. CPF:

    2.4. Sexo: ( ) F   ( ) M

    2.5. Endereço completo (com CEP):

3. Sobre a forma de atendimento

    3.1. Trata-se de paciente atendido pela Saúde Publica ( )
    ou Saúde Suplementar ( )

    3.2. Qual operadora?

    3.3. Houve tentativa de obter acesso ao produto ou serviço no plano de saúde? Houve negativa? Escrita ou verbal? Em que data?//

    3.4. Houve tentativa de obter o produto ou serviço no SUS?

    3.5. Em que Unidade/Município/Estado?

    Houve negativa?

    Escrita ou verbal?

    Em que data?//

MODELO DE RELATÓRIO MÉDICO PARA JUDICIALIZAÇÃO

4. De acordo com a tabela abaixo, os códigos correspondentes às doenças que acometem o paciente são:

Enfermidade	Código (CID)

5. Medicamentos, produtos ou procedimentos necessários para a finalidade diagnóstica de acordo com o quadro abaixo:

- Tratamento contínuo (   ) temporário (   ) pelo prazo de _____

Produtos	Posologia e via de administração

6. Trata-se de produto aprovado pela ANVISA? Sim ()   Não ()

6.1. Caso não aprovado pela ANVISA, o produto é aprovado por órgão de controle estrangeiro? _____ De qual País? _____

6.2. Caso não aprovado pela ANVISA, há estudos de evidência científica (eficácia, eficiência, efetividade e segurança) do produto?

Qual a evidência científica?

7. Trata-se de prescrição off label? _____

7.1. Caso positivo, justificara prescrição off label:

8. Antes de serem prescritos os produtos ou procedimentos acima listados foram adotadas as seguintes medidas terapêuticas:

9. Não foram prescritas outras medidas médicas alternativas, em razão dos seguintes motivos:

10. Os produtos / procedimentos conforme finalidade diagnóstica prescrita constam dos Protocolos Clínicos e Diretrizes terapêuticas do SUS?

11. Existe outro produto / procedimento com o mesmo princípio ativo ou capacidade terapêutica similar oferecido pelo SUS? Quais:

12. Há justificativa para a prescrição do produto / procedimento específico diferenciado em razão da condição peculiar do paciente: ?

13. Há produtos, procedimentos ou medicamentos com o mesmo princípio ativo no mercado? Sim ( )   Não ( ). Caso positivo, quais?

MODELO DE RELATÓRIO MÉDICO PARA JUDICIALIZAÇÃO 193

14. Qual a razão para prescrever produto / serviço diferenciado daquele oferecido pelo SUS ou Plano de Saúde?

_____

_____

15. O produto / procedimento é imprescindível para o paciente?

Sim ( )　　　　Não ( ).

É urgente?　　Sim ( )　　Não ( )

16. A ausência de fornecimento do medicamento, insumo ou procedimento acima poderá ocasionar quais as seguintes consequências:
( ) Risco de morte
( ) perda irreversível de órgãos ou funções orgânicas
( ) Grave comprometimento do bem estar
( ) Outras

17. A utilização dos produtos e serviços eliminará o perigo das consequências / sequelas?　　Sim ( )　　Não ( ).
Justificar:

_____

_____

18. Especificar o quadro clínico e as peculiaridades do paciente e demais considerações:

_____

_____

19. Os produtos / procedimentos constam do Rol de Procedimentos e Eventos em Saúde mínimos da Agência Nacional de Saúde Suplementar (ANS)?
Sim ( )　　Não ( ).
Outras informações ou especificações:

_____

_____

_____